臺灣歷史與文化 研究輯刊

十 三 編

第 22 冊

歷史的謊言・鄉土的眞實
——李喬的創作與思想研究(下)

黃 小 民 著

花木蘭文化事業有限公司

國家圖書館出版品預行編目資料

歷史的謊言・鄉土的真實——李喬的創作與思想研究（下）
／黃小民 著—初版—新北市：花木蘭文化事業有限公司，
2018〔民107〕
目 4+148 面；19×26 公分
（臺灣歷史與文化研究輯刊十三編：第 22 冊）
ISBN 978-986-485-314-4（精裝）
1. 李喬 2. 小說 3. 文學評論
733.08   107001615

臺灣歷史與文化研究輯刊
十三編　第二二冊　　　　　ISBN：978-986-485-314-4

歷史的謊言・鄉土的眞實
——李喬的創作與思想研究（下）

作　　者　黃小民
總 編 輯　杜潔祥
副總編輯　楊嘉樂
編　　輯　許郁翎、王筑　美術編輯　陳逸婷
出　　版　花木蘭文化事業有限公司
發 行 人　高小娟
聯絡地址　235 新北市中和區中安街七二號十三樓
　　　　　電話：02-2923-1455 ／傳眞：02-2923-1452
網　　址　http://www.huamulan.tw 信箱 hml 810518@gmail.com
印　　刷　普羅文化出版廣告事業
初　　版　2018 年 3 月
全書字數　273321 字
定　　價　十三編 24 冊（精裝）台幣 60,000 元

歷史的謊言‧鄉土的眞實
——李喬的創作與思想研究（下）

黃小民　著

目

次

第五章　臺灣主體性的建構

第一節　「臺灣文學」界定的思考

　　關於臺灣文學的界定，許多學者作家已有相當程度的共識，其共識在於以「臺灣」這一塊土地為立足點的思考，李喬對於「臺灣文學」有屬於自己具體的看法，他從文學層面觀察，從位置與性格來界說「臺灣文學」：

> 「所謂臺灣文學，就是站在臺灣人的立場，寫臺灣經驗的文學」。
>
> 所謂「臺灣人的立場」，是指站在臺灣這個特定時空裏，廣大民眾的立場；是同情、認同，肯定他們的苦難、處境，希望，以及追求民主自由的奮鬥目標——的立場。這個立場、與先住民，後住民，省籍等等文化、政治、經濟因素無關。
>
> 所謂「臺灣經驗」，包括近四百年來，與大自然搏鬥與相處的經驗，反封建，反迫害的經驗，以及反政治殖民，經濟殖民，和爭取民主自由的經驗。〔註1〕

臺灣文學的主體性，其實就是由認同臺灣的土地與人民所共同建立起來的。在一個特定區域中，為了表現此地文學與他地相異之處，在某某文學上冠上這個地域的稱號應屬理所當然，但對於在臺灣的作家而言，是歷經許久之後才獲得的自主，因為在臺灣過度敏感的政治意識，提出「臺灣文學」這樣的名目，無可避免的會涉及臺灣意識之類，讓人「神經衰弱」〔註2〕的東西，我

〔註 1〕李喬：《台灣文學造型》（高雄市：派色文化出版，1992 年），頁 12～13。
〔註 2〕李喬：《台灣文學造型》（高雄市：派色文化出版，1992 年），頁 5。

們再看論者彭瑞金所言的「臺灣文學」：

> 「何謂臺灣文學？」，首先，它是在臺灣這塊地域上發生的文學。其
> 次，它是生活在臺灣的人，內在外在活動的總體呈現，離不開臺灣
> 人。同時，它也是生活在臺灣的人，和這塊土地上的一切互助、互
> 動、共生經營的成果，是歷史的，也是現實的總體表現。臺灣、臺
> 灣人、臺灣的歷史和現實，是臺灣文學構成的三要件。〔註3〕

彭瑞金以韋勒克（Wellek, Rene，1903～1995）的〈文學與文學研究〉一文中
所提到的「即使是在擴大地去研究某一個時期、某一種運動，或者某一個特
定國家的文學時，文學研究者所要發生興趣的，應在於它是一個具有特徵和
特質的個體，而這些特點使它和類似的群體截然不同」〔註4〕來說明「臺灣文
學」之所以以「臺灣」命名，就是凸顯臺灣的主體特徵、具體特質和個性。

　　顯然彭瑞金與李喬對於「臺灣文學」的看法相似，即不管是李喬自己在
創作如此多的作品之後，從文學、歷史角度來界定，抑或是從西方理論說法
中，藉以凸顯臺灣文學文化特質的彭瑞金，皆可從其中嗅出濃濃的以臺灣爲
主體的味道。

　　當然，關於「臺灣文學」的界說，仍然始終出現不一樣的聲音，其中複
雜的層面遠遠超過可以想像的，在李喬的所有書寫中，不論是文化批評相關
的議題，或是個人的文學創作，也都明顯表現出對於臺灣這一塊土地上所有
人事物的關懷之情，所以還是以作者自言的看法爲主，而李喬對於彭瑞金的
許多相關評述皆深表認同，故在此引用彭瑞金的說法，目地在於加強作者的
看法，當然也包括以不同面向來解讀臺灣文學。

一、人道主義關懷文學——以鄉土題材爲例

　　從李喬的文學作品中考察，其創作大多以鄉土與歷史題材爲主，亦即是
以臺灣特殊的文化與歷史背景，落實到文學層面的書寫。李喬曾說臺灣文學
的道路也正是一條充滿對於人道關懷的道路。由其中，我們正可以看到李喬
最富人道精神的一面，：

> 從歷史考察：「臺灣文學」的性格是反封建、反帝反迫害的文學，更
> 是特別關心大眾疾苦的文學，即最富人道精神的文學。

〔註3〕彭瑞金：〈臺灣人的文學〉《文學臺灣》57 期，2006 年 1 月，頁 122。
〔註4〕彭瑞金：〈臺灣人的文學〉《文學臺灣》57 期，2006 年 1 月，頁 121。

> 從現實角度看:「臺灣文學」的性格是生活在臺灣人們苦樂悲歡的發
> 言人,理想與期待的發言書。至此「臺灣文學」已然確有獨特的位
> 置、意義、價值、以及充滿可能性的文學實體。〔註5〕

這是以臺灣人爲立足點出發的觀察。而所謂臺灣人的立場,指的是站在臺灣
這個特定的空間中,認同發生在這個空間中的所有事,是感同身受大眾所發
生的苦難,進而產生的認同與憐憫之情。而文學畢竟是與生活環境相互結合,
跟隨社會人民脈動的,「臺灣文學」繼承臺灣這一塊土地的歷史性格,反應現
實層面,關心多元社會等現象,以改進大眾生活,提升生活素質爲依歸。作
者對於臺灣文學,提出明確的看法:「所謂臺灣文學,就是站在臺灣人的立場,
寫臺灣經驗的文學」〔註6〕;而「『臺灣文學主體性』,客觀言之,是指『臺灣
文學』此文學現象有其獨特的歷史累積,生態背景、社會條件,形成具有有
別於其他民族、族群文學的特質內涵」。〔註7〕

論者鄭清文提出的看法:

> 臺灣文學是什麼?就是臺灣人寫的文學。只要承認自己是臺灣人,
> 所寫的文學就是臺灣文學。……
> 我個人的看法,臺灣文學大概有四個特色,就是鄉土、寫實、反抗、
> 歷史。〔註8〕

從鄭清文提出的臺灣文學的特色來看,李喬的小說作品幾乎都符合此四項特
色。「鄉土是什麼?是自己生長的地方,也是自己最熟悉,也是最有感情的地
方」〔註9〕,李喬書寫故鄉「蕃仔林」的系列小說,就是鄉土小說;他主張「一
定要站在關懷弱勢的立場」〔註10〕來寫作,這樣關心大眾疾苦的小說就是最
具人道關懷的文學。李喬不只提出論點,在他的作品裡,也看到了這樣的書

〔註5〕 李喬:《台灣文學造型》(高雄市:派色文化出版,1992 年),頁 12~13。
〔註6〕 李喬:《台灣文學造型》(高雄市:派色文化出版,1992 年),頁 17。
〔註7〕 李喬:《文化‧台灣文化‧新國家》(高雄市:春暉出版社,2001 年),頁 303。
〔註8〕 鄭清文:〈從李喬小說談如何建立臺灣文學〉《李喬的文學與文化論述:第五
屆臺灣文化國際學術研討會論文集》(臺北市:國立臺灣師範大學臺灣文化及
語言研究所,2007 年 12 月),頁 27。
〔註9〕 鄭清文:〈從李喬小說談如何建立臺灣文學〉《李喬的文學與文化論述:第五
屆臺灣文化國際學術研討會論文集》(臺北市:國立臺灣師範大學臺灣文化及
語言研究所,2007 年 12 月),頁 27。
〔註10〕 〈戲謔的笑顏,沉重的生命——觀點、後設的重構〉收錄於《想像的壯遊——
——十場台灣當代小說的心靈饗宴2:國立台灣文學館‧第四季週末文學對談》
(台南市:國立台灣文學館,2007 年 12 月初版一刷),頁 215。

寫特色。〈賣藥的人〉 〔註11〕 是作者創作初期的作品,在文章中已經可以看到其對於小人物的關懷面,此文寫的是一個在大專聯考失利的年輕人,為了自己的自尊與可以在女友父母面前抬起頭,他隻身來到陌生的城市,做「滿身披掛著藥箱子」沿街叫喊的賣藥的人,為的是可以在明年的大專聯考獲得好成績:

> 他有個想法,以往的日子過得太舒服了,舒適得使人日夜顯得昏昏沉沉;不想上進,只求玩樂。所以才有今天的慘痛下場!他決心吃些苦;他還有個奇異的主意:他願意成為一個被人蔑視談笑的人物由不斷受到侮辱的壓力,刺激起羞恥心,使自己能夠長期堅持計畫中的事情。〔註12〕

文中的年輕人,做著像黃春明筆下〈兒子的大玩偶〉中的坤樹一樣的「三明治人」,他不畏外在眼光輿論,堅持面對生活的困苦、抵抗社會壓力,在這樣的生命過程裡,作者強調著小人物遭遇生活困頓時的自我尊嚴的維護,流露著濃厚的人道關懷。

〈入贅之夜〉 〔註 13〕 寫的是男子「阿昌」入贅到地主家的情節。但作者不是直接以入贅者阿昌的視角來寫,反而從女子的視角出發,她是阿昌的妻子,地主的女兒「阿英」。一場入贅的婚禮,是被強迫的,阿英在「『相親』、『訂婚』、『寫字』(立契約)」中,被迫接受這樣的安排。小說中,作者讓向來是權力中心的男人變成一個無聲的人,當發言權被剝奪的同時,也顯出地位的崩解:

> 她又輕輕地嘆了一口氣,她想:可憐的順昌哥,如果你拿得出聘金來娶妻,今夜是個堂堂的「新郎官」,在自己家裡,賀客盈門,喜氣洋洋。那是何等得意的事?〔註14〕

入贅者與招贅者,看似處於一種雙贏的平衡,但在李喬的筆下,兩者都是「身不由己」的悲情角色。他透過女主角心中的「意識流」書寫,道出小人物就

〔註11〕 李喬:〈賣藥的人〉,收入於《李喬短篇小說全集》第 1 卷(苗栗:苗栗縣立文化基金會,中華民國 89 年 1 月),頁 61～67。

〔註12〕 李喬:〈賣藥的人〉,收入於《李喬短篇小說全集》第 1 卷(苗栗:苗栗縣立文化基金會,中華民國 89 年 1 月),頁 64。

〔註13〕 李喬:〈入贅之夜〉,收入於《李喬短篇小說全集》第 1 卷(苗栗:苗栗縣立文化基金會,中華民國 89 年 1 月),頁 54～60。

〔註14〕 李喬:〈入贅之夜〉,收入於《李喬短篇小說全集》第 1 卷(苗栗:苗栗縣立文化基金會,中華民國 89 年 1 月),頁 55。

連自己的終身大事都無法自主的悲哀以及生命中不可避免的無奈。李喬的短篇作品中出現許多「殘缺」的角色，不管在身體或是心靈上的缺陷，甚至是在團體、社會中地位低下的角色，他們都是弱勢者，如：〈代用職員〉〔註15〕講的就是學校代用職員的辛酸史；〈酒徒的自述〉〔註16〕是一個失業者酗酒的故事；〈喜貴嫂〉〔註17〕講的是一個擁有美麗妻子卻失去自我本心的男人的故事，因為妻子的過度美麗，讓他一直懷疑妻子外遇，最後還放蛇咬死妻子。許多李喬早期的短篇作品所顯現的不只是「追憶自己童年和悲憫生靈劫難的總合」〔註18〕，更是對身邊、對社會人的充滿濃厚的人道關懷書寫。他對台灣文學充滿期待與自信，他說：「我堅決主張從事文學藝術，一定要站在關懷弱勢的立場。」〔註19〕事實上，關懷弱勢是許多作家共同的書寫特色，而李喬更以自己的風格寫出臺灣人的故事，就像〈小京園〉〔註20〕一文所觀察書寫的就是臺灣野台歌仔戲班的生存與沒落。

李喬的人道關懷書寫，由自身故鄉「蕃仔林」系列出發，到對於社會的感性觀察〈小京園〉、《藍彩霞的春天》，到對於臺灣整體歷史解讀的《結義西來庵》《寒夜三部曲》《埋冤‧一九四七‧埋冤》《咒之環》，在在顯示他是一位相當重視社會脈動的作家。除了短篇與長篇小說創作之外，亦發表了相當份量個人對於社會環境的觀察報告，一九三四年出生的他，在臺灣這個擁有特殊歷史的土地上生長，經歷了臺灣許多重大的事件，這些事件經過時間的遞嬗，變成了組構臺灣歷史的獨特印記，也正由於他對外在世界時時保有熱情，這些事存在李喬的記憶裡，化為一篇篇的文字。他常常提醒後輩，有想法在腦子裡，就要趕快把它寫出來，不寫，就什麼也沒有，「對作者而言，寫

〔註15〕 李喬：〈代用職員〉，收入於《李喬短篇小說全集》第 1 卷（苗栗：苗栗縣立文化基金會，中華民國 89 年 1 月），頁 45～53。

〔註16〕 李喬：〈酒徒的自述〉，收入於《李喬短篇小說全集》第 1 卷（苗栗：苗栗縣立文化基金會，中華民國 89 年 1 月），頁 3～16。

〔註17〕 李喬：〈喜貴嫂〉，收入於《李喬短篇小說全集》第 1 卷（苗栗：苗栗縣立文化基金會，中華民國 89 年 1 月），頁 85～94。

〔註18〕 彭瑞金：〈悲苦大地泉甘土香──李喬的蕃仔林故事〉《李喬短篇小說全集》資料彙編（苗栗：苗栗縣立文化基金會，中華民國 89 年 1 月），頁 123。

〔註19〕 〈戲謔的笑顏，沉重的生命──觀點、後設的重構〉收錄於《想像的壯遊──十場台灣當代小說的心靈饗宴 2：國立台灣文學館‧第四季週末文學對談》，台南市：國立台灣文學館，2007 年 12 月初版一刷，頁 215。

〔註20〕 李喬：〈小京園〉，收入於《李喬短篇小說全集》第 1 卷（苗栗：苗栗縣立文化基金會，中華民國 89 年 1 月），頁 176～190。

作是文學現象的產生,不寫作就消失了」〔註 21〕。在他的想法中,所寫下的文字,總是把「當時最想寫的、最感動的、最有把握的」〔註 22〕寫下來。李喬有一篇短篇小說〈人球〉〔註 23〕,寫於一九七○年代的戒嚴時期,內容描寫一個人在生活與工作上受到很大的壓力,因爲無法排除壓力而變成一顆「人球」,會變成「人球」是因爲他認爲胎兒在母親的肚子裏是最舒適自在的,所以他把自己變成像胎兒一樣的形體的「人球」,〈人球〉是一篇對人存在的思考,在強大壓力下生活的人,可能在各個不同方面產生變形,文本中的主角是在外型上的變形,這也是一種反抗社會的方式。關於〈人球〉一文,論者鄭清文的解讀:

> 男主角的名字叫靳之生。在臺灣,這不是一個普通的姓名。《左傳》
> 有一句話:「宋公靳之」。有譏笑,羞辱的意思。公司老闆叫他「滾」,
> 太太罵他「沒有用的東西」。這兩股力量,使他無地自容,只好逃回
> 母親的子宮。這叫「退行」。
>
> 初看李喬的這篇作品不像是寫實,實際上,他抱持著高度的寫實精
> 神。〈人球〉寫的是,在沒有自由,沒有自尊的情況下,人的退行,
> 人的畏縮。這是很嚴肅的主題。這是人在某種情況下,欲哭無淚的
> 悲情。〔註 24〕

「從這篇作品,可以看到李喬文學的雛型,也多少可以窺見臺灣文學發展過程」〔註 25〕。作者在文章中「動手腳」,用個人的行爲寫出社會大環境的現象,在那個充滿壓力的時代,人民不敢表現出眞正的反抗,所以作者設計一個小

〔註 21〕〈戲謔的笑顏,沉重的生命──觀點、後設的重構〉收錄於《想像的壯遊──十場台灣當代小說的心靈饗宴 2:國立台灣文學館・第四季週末文學對談》,台南市:國立台灣文學館,2007 年 12 月初版一刷,頁 207。

〔註 22〕〈戲謔的笑顏,沉重的生命──觀點、後設的重構〉收錄於《想像的壯遊──十場台灣當代小說的心靈饗宴 2:國立台灣文學館・第四季週末文學對談》,台南市:國立台灣文學館,2007 年 12 月初版一刷,頁 207。

〔註 23〕李喬:〈人球〉,收入於《李喬短篇小說全集》第 5 卷（苗栗:苗栗縣立文化基金會,中華民國 89 年 1 月）,頁 278～299。

〔註 24〕鄭清文:〈從李喬小說談如何建立臺灣文學〉《李喬的文學與文化論述:第五屆臺灣文化國際學術研討會論文集》（臺北市:國立臺灣師範大學臺灣文化及語言研究所,2007 年 12 月）,頁 30～31。

〔註 25〕鄭清文:〈從李喬小說談如何建立臺灣文學〉《李喬的文學與文化論述:第五屆臺灣文化國際學術研討會論文集》（臺北市:國立臺灣師範大學臺灣文化及語言研究所,2007 年 12 月）,頁 27。

說，把當時臺灣人的心情說出來，「把很多要說的話，藏在作品裡面，而後挺著胸部拿出去發表」〔註26〕，這是一篇表現臺灣文學特色的作品。

另一篇短篇〈修羅祭〉〔註27〕，「修羅」是指脾氣暴躁嗜血，執著之念強，雖被種種教化，其心不爲所動，聽聞佛法，亦不能證悟，以這樣的形像來寫一隻不受控制叛逆的狗，最後變成「一碗香肉」，被主人吃進肚子的故事。小說的開始是「我」以祭文的方式，對著已經變成香肉的狗說話。李喬寫這隻叛逆的狗，其實是寫他自己，「我是性格強烈的人，看牠這樣，似乎有一份特殊的感應；牠一定受盡種種虐待吧？這和備嚐人間心酸的我，難道不是同病嗎？」〔註28〕作者將自己的反抗精神，透過狗來表達。最後，文中的「我」（作者的化身），將被煮熟的狗肉吃進肚子裡，是繼承了狗的反抗精神，也就是反抗精神又回到人的身上，而作者要說的，其實正是人的反抗精神，只是在那個「動輒得咎」的年代，狗可以起來反抗，但人不行。而「反抗」，正是臺灣文學的特色之一。

〈人球〉、〈修羅祭〉兩篇作品的寫作時間是在臺灣的戒嚴時期，是一個在寫作上不自由的時代，李喬的這兩篇作品可以看出他是「一位社會意識高張的作家」〔註29〕，對於社會有深入的觀察和想法，但是他不是直接表達他的看法，他用文學之筆來隱藏自己心中的許多眞話，這是懂得保護自己的勇敢表現，也是他反抗社會束縛的方式。

而在其他小說作品中，可以看到李喬以精神異常的小說人物描述，顯示對於現實人生的關注，如〈恐男症〉〔註30〕一文，這是李喬幫忙處理的苗栗救國團張老師信箱的一個特別個案的眞實案例，這是一個患有精神官能症的少婦的故事。這位少婦的症狀就是在面對男性的時候，眼睛會不自覺的向下

〔註26〕鄭清文：〈從李喬小說談如何建立臺灣文學〉《李喬的文學與文化論述：第五屆臺灣文化國際學術研討會論文集》（臺北市：國立臺灣師範大學臺灣文化及語言研究所，2007年12月），頁31。

〔註27〕李喬：〈修羅祭〉，收入於《李喬短篇小說全集》第6卷（苗栗：苗栗縣立文化基金會，中華民國89年1月），頁223～239。

〔註28〕李喬：〈修羅祭〉，收入於《李喬短篇小說全集》第6卷（苗栗：苗栗縣立文化基金會，中華民國89年1月），頁226。

〔註29〕鄭清文：〈文學作品的社會性與藝術性〉《李喬短篇小說全集》別冊（苗栗：苗栗縣立文化基金會，中華民國89年1月），頁251。

〔註30〕《李喬短篇小說全集》第9卷（苗栗：苗栗縣立文化基金會，中華民國89年1月），頁206～222。

移，她就會想到那個東西，當然這樣的故事，不是小說〈恐男症〉的全部，作者將這樣的真實事件，與臺灣傳統社會留下來對於女性不公平的事件，例如在臺灣早期的許多機構中，女性職員要進來工作時，必須要簽一個切結書，如果結婚之後或是懷孕，就要主動辭職。……作者以虛構的線將兩者串起來，完成了這篇小說。這是李喬以貼合社會脈動的方式，書寫著他對弱勢的人道關懷。

又如〈鬼纏身〉〔註31〕的主角田木庭因為傷害癡傻的腌旺仔而良心受到譴責而發瘋；〈綠色記憶〉〔註32〕中的女主角靜枝因為與丈夫是先有後婚，她因此無法承受街坊鄰居對她異樣眼光而變成精神異常。〈心賊〉〔註33〕中品學兼優的張小憐因為家庭與學校課業的多重壓力而成為習慣性的偷竊者。〈兇手〉〔註34〕中的沐大夫是一位專門幫人墮胎的醫生；〈負後象〉〔註35〕裡的羊福年與〈飛翔〉〔註36〕中的「我」，講的都是中年男子內心面對中年危機的焦慮，害怕自己失業與性能力減低而產生精神方面的異常；〈恍惚的世界〉〔註37〕中的史快悟，為了逃避現實生活的挫敗，以一種恍惚的精神狀態，讓自己回到內心最渴望的避風港——家。〈大敵〉〔註38〕的主題在於：人最大的敵人其實就是自己。文中的唐之方，懷疑自己的老婆有外遇，在精神狀況不穩定的情況下做了許多荒謬的事，最後結局是放火燒死自己的妻子。這些都是李喬將現實人物內心充斥痛苦，無法在正常情況下釋放時，於是產生精神與人格異常的變形書寫，不但讓讀者感受到人在生存環境中所承受的巨大壓力，也看到作者對於社會細心的觀察。

〔註31〕 《李喬短篇小說全集》第 2 卷（苗栗：苗栗縣立文化基金會，中華民國 89 年 1 月），頁 138～153。

〔註32〕 《李喬短篇小說全集》第 3 卷（苗栗：苗栗縣立文化基金會，中華民國 89 年 1 月），頁 42～50。

〔註33〕 《李喬短篇小說全集》第 4 卷（苗栗：苗栗縣立文化基金會，中華民國 89 年 1 月），頁 208～220。

〔註34〕 《李喬短篇小說全集》第 2 卷（苗栗：苗栗縣立文化基金會，中華民國 89 年 1 月），頁 69～76。

〔註35〕 《李喬短篇小說全集》第 5 卷（苗栗：苗栗縣立文化基金會，中華民國 89 年 1 月），頁 126～137。

〔註36〕 《李喬短篇小說全集》第 5 卷（苗栗：苗栗縣立文化基金會，中華民國 89 年 1 月），頁 138～149。

〔註37〕 《李喬短篇小說全集》第 5 卷（苗栗：苗栗縣立文化基金會，中華民國 89 年 1 月），頁 337～354。

〔註38〕 《李喬短篇小說全集》第 6 卷（苗栗：苗栗縣立文化基金會，中華民國 89 年 1 月），頁 183～199。

二、貼合社會脈動的文學

　　不論從鄉土題材出發，或是歷史素材的書寫，李喬的創作皆是貼合社會脈動的。一九二〇年代臺灣新文學發端，從文化層面觀察，是以「殖民」為文學的書寫基礎。在發端之初，已經有許多作家有好的成績，如：楊逵、張文環、呂赫若、龍瑛宗等人，不論是他們的行為或是文學，對於反抗當時的殖民政府皆有所表現，只是表現的方式有所不同，其中有激烈反映殖民的，也有溫和反抗的，大抵他們的作品，寫的多是當時臺灣人民困苦的生活，呈現著被殖民的人們那種心靈的幽暗與反抗。李喬曾經這樣說：「在寫實的基調下，主要是反抗殖民、反對封建、迷信，此外，我個人認為臺灣文學還有一個傳統，就是譴責『三腳仔』（意即臺奸，替殖民政府跑腿的人）。」〔註39〕是而從歷史考察，「臺灣文學」的性格是反封建、反帝反迫害的文學，更是特別關心大眾疾苦的文學。〔註40〕由這個觀點出發，臺灣文學是與歷史、社會脈動相結合戰鬥的、反抗的文學：

> 戰前的臺灣文學在文化上是一種責任的文學，是參與的文學，是行動的文學。一九四七年法國小說家沙特發表了一篇長文〈文學是什麼？〉，他提出一個名詞，意思就是責任、參與、行動，也就是engagement文學。這種文學是植根於文化，這是重點。歷史上臺灣的新文學是engagement文學，是植根於文化的。〔註41〕

由此可知，臺灣文學的根基是於文化而來，文學與文化有著密不可分的關係。從文學作品中觀察，所謂文學，就是作家以文字呈現的作品，而讀者通過文字來讀，是以一個文學作品的涵義，實際上可經由作者、作品、讀者之間的關係來探索、建構，這樣的關係，自然會牽涉與文化相關的複雜的問題。例如以作者的角度來看，這個作家在他的作品中是否表現屬於他所屬的民族或族群的價值觀？就作品而言，每種作品都有其獨特性，不同民族的作品更是如此，而其差別的來源就是文化。所以不同文化的文學作品，當然會有不同的差異表現。而以臺灣文學的脈絡觀之，在長期被殖民、被束縛的情況下發展，文學作品的展開與社會現實的環境和民族文化的凝聚與堅持密切相關。

〔註39〕李喬：〈老眼矇矓看臺灣文學〉《李喬文學文化論集（一）》（苗栗市：苗栗縣政府國際文化觀光局，2007年10月），頁120。

〔註40〕李喬：《台灣文學造型》（高雄市：派色文化出版，1992年），頁13。

〔註41〕李喬：〈戰後《臺灣小說的文化批評》〉《李喬文學文化論集（一）》（苗栗市：苗栗縣政府國際文化觀光局，2007年10月），頁128。

　　李喬積極的人生觀與多產的創作，顯示他一直是個具備勤奮、行動特質的作家。他在開始創作的早期，只靠學校教書的收入，實難供給一家大小穩定的生活，所以早期的一些短篇小說是爲了賺取生活費，填補家中生活經濟所需的創作，因爲有經濟的壓力，有些創作或許不夠成熟，也曾遭到無預警的退稿，或是稿費少的可憐甚至無稿費可拿的情況，但許多挫折下來，反而更讓自己堅定的邁向寫作之路，他曾自言：「生命本身是在多重壓力、限制下存在的，創作也是如此，即使是政治的壓力，也不能成爲無法創作的理由」〔註42〕，觀察作者當時發表的作品以短篇爲主，許多篇章表現的正是社會現實的反映，如短篇小說〈馬拉邦戰記〉，寫的是對抗日軍的戰事，是以苗栗銅鑼籍吳湯興爲主的抗日義勇軍，在著名的新竹戰役之後，吳湯興領著大部分的隘勇轉戰台中中部，另外一部分的隘勇則退居苗栗大湖地區，與當地的原住民軍結盟，在一八九五年的年底，發生「馬拉邦山」一役，這是〈馬拉邦戰記〉一文的歷史背景。而李喬爲了寫作此文，特地僱請一位熟悉馬拉邦山的當地原住民當嚮導，做一趟馬拉邦山脈的巡禮，也拜訪當地的耆老，進一步了解關於當時馬拉邦戰事的相關歷史資料。

　　因著對文學、對生命的熱情，在關於反映社會的，政治的歷史素材寫作方面的蒐羅整理，李喬用功甚多，花了許多時間閱讀大量的檔案文獻，到各地考察探訪，做相當直接且深入的田野調查，尤其是將之運用在長篇小說創作上，是大部分作家望塵莫及的。在下筆之前，清晰地掌握了社會環境的脈動，是李喬寫作前必作的功課，這樣的生命經歷過程，讓李喬對於組成臺灣這塊土地特殊的歷史，有著比其他人更加深刻的體會，他曾在一次訪談中提及他創作「噍吧哖余清芳抗日事件」〔註43〕的田野調查概況，在書中有兩段非常精彩的情節沒有放入，始終讓他心中留有些許的遺憾，他在一次訪談中披露了這兩段內容：

> 噍吧哖事件以後留下了一批婦孺，她們關在一個大房子裡面，有一
> 天命每一個人手腕掛了一條揹帶（揹小孩的揹帶），一端拉到門外
> 面，給羅漢腳抽籤回去當老婆。還有一批婦女，日本人給他兩個禮

〔註42〕許素蘭：《給大地寫家書──李喬》，（台北市：典藏藝術家庭，2008年12月），頁81。

〔註43〕關於噍吧哖余清芳抗日事件，後來成書出版，名爲《結義西來庵──噍吧哖事件》（臺南縣新營市：南縣文化局，民國89年）。

拜的鹽跟米，叫他到深山裡面去勸降，可是臺灣人的生命力很強，
很奇怪兩個禮拜了沒有人下來，全部留在那邊。這兩段我沒有寫出
來。如果不是噍吧哖這本書，我身為臺灣人尤其是一個作家，不明
確了解臺灣歷史，臺灣是怎麼樣一個地方，臺灣人是什麼樣的存在。
第二，如果未曾寫那本書，我沒有能力做徹底的田野調查，做史料
的處理，經過史料的處理過去的時光，不斷重複的史料，在你腦海
裡面會呈現時空重新建構的故事架構。〔註44〕

這段關於田調過程中所得的寶貴資料，當時為何沒有放進小說中，或許是因
為過於真實而無法呈現，但這卻是讓李喬重新思考臺灣人生命特質的關鍵，
這樣堅忍不屈的精神，是臺灣在殖民社會底下可貴可敬的人性光輝。李喬一
直將它們放在心中，想找適合的時機講出來，在現在語言開放的臺灣，他終
於可以把更貼近歷史的真實講出來，更重要的是，作家從這些歷史中的思考
與獲得。

李喬就是一個如此生性敏感且充滿愛的作家，將臺灣作家的使命感扛在
自己肩上，想將自己所有知道關於臺灣這塊土地的想法皆告訴世人。且在追
尋噍吧哖歷史事件的過程中，李喬深刻的感到臺灣的歷史是與其他國家不同
的，這些事件真相的背後，更深一層的思考是，這就是臺灣的歷史。同時這
個過程讓他真實的體會，對於「史料的處理，田野調查是重點，田野調查的
技術是考驗，在精神層面是觸及歷史的真實面」〔註45〕。是以關於李喬「臺
灣意識」的萌發，這個書寫「噍吧哖事件」的種種經歷與過程，是一個非常
重要的關鍵，這讓他在臺灣歷史裡找到，以「臺灣人」立足出發的作家使命，
他說：

所謂臺灣意識這個很抽象的很多人論文寫了半天，我竟在那邊充電
一下子，真的「通了」！同樣的看到那資料提到虎頭山，虎頭山山
上當年掛了一個叫大明慈悲國的旗幟，日本統治臺灣五十年，只有
那一次是臺灣人和日本統治者直接用部隊武力對幹的。黃姓隊長倒

〔註44〕〈戲謔的笑顏，沉重的生命——觀點、後設的重構〉收錄於《想像的壯遊——
十場台灣當代小說的心靈饗宴2：國立台灣文學館·第四季週末文學對談》
（台南市：國立台灣文學館，2007年12月初版一刷），頁220。
〔註45〕〈戲謔的笑顏，沉重的生命——觀點、後設的重構〉收錄於《想像的壯遊——
十場台灣當代小說的心靈饗宴2：國立台灣文學館·第四季週末文學對談》
（台南市：國立台灣文學館，2007年12月初版一刷），頁220。

在地上，腸子都已經露在外面還是爬著往前衝。這些史料我讀的很
熟，看到古戰場感觸很深。

對我來講，我的文學技巧與處理歷史資料的能力和臺灣人的意識，
都因這個經驗而落實。〔註46〕

原來一直處在「亞細亞孤兒」的魅影之下的臺灣，在不停的思考、尋找的那
個母親，其實早已存在，祇是我們不知道而已，這給了李喬相當大的鼓舞，
也就是因為寫作「噍吧哖事件」的觸發，李喬的文學在歷史中挖掘的更深更
廣。此外，還有一個「特別」的插曲是與《結義西來庵》的成書有關：

《結義西來庵》乙書另有「奇遇」。書是老 K 所屬「近代中國出版
社」出的，不曾謀面的馮放民（鳳兮）先生，大概是老 K 的大老，
把該書送去參選中山文學獎。據鍾肇政說，複選八十四分，決選
九十三分，為各類之冠，最後落選。鍾先生打聽：決選後的「決審」
得五十分。決選後有決審？玄得很。

理由是：這本小說有「臺獨思想」。再問，答案是：當年與日軍血戰
的余清芳，在噍吧哖（今玉井）之東「虎頭山」上豎一黑底白字長
方旗幟：「大明慈悲國」。〔註47〕

這是李喬第一次聽到「臺獨」二字，他說，當時的他還不知「臺獨」二字所
言為何，好友鍾肇政才跟他說：「就是臺灣獨立啦!」其實李喬心裏非常感謝那
位「黨國要人」〔註48〕，由此來看寫作《結義西來庵》時的李喬，對於以「臺
灣作家」這樣立場的認同意識是由此進一步的成形，而不是先有「臺灣作家」
的自覺然後才以作品呈現，而是經過此書的寫作過程種種，有了對於「臺灣
人意識」的培育，進而一步步在寫作中確立「臺灣人」的書寫立場：

從寫作「結義西來庵」開始，到目前的寫作計畫，李先生不斷親自

〔註46〕 〈戲謔的笑顏，沉重的生命——觀點、後設的重構〉收錄於《想像的壯遊——
　　　　十場台灣當代小說的心靈饗宴 2：國立台灣文學館‧第四季週末文學對談》
　　　　（台南市：國立台灣文學館，2007 年 12 月初版一刷），頁 221。
〔註47〕 李喬：《我的心靈簡史：文化台獨筆記》（新北市：新莊市，望春風文化出版，
　　　　2010 年 12 月），頁 58～59。
〔註48〕 關於《結義西來庵》一書從中山文學獎第一名到落選的過程，可參考李喬：《我
　　　　的心靈簡史：文化台獨筆記》（新北市：新莊市，望春風文化出版，2010 年
　　　　12 月），頁 58～59。而他所言的黨國要人指的正是「蔣經國」，此事在筆者 2011
　　　　年 7 月 3 日訪談時，李喬先生也有提到，而「蔣經國」的名字，正是那天所
　　　　提。

去接觸臺灣史的脈動，了解臺灣文化及臺灣人的心靈，也投下對臺
灣的大愛。他認為以臺灣為主體的思考方式、對臺灣的認同，是這
塊土地居民肯定自己、認識自己的起點。沒有這種認同，人的思想
與心靈便會飄飄蕩蕩，無法前進。〔註49〕

李喬深感歷史對一個社會、國家的重要性，因為「文化形成於適應環境，而
成型於歷史的累積；文化的樣態往往就是那民族（族群）歷史發展境況的如
實呈現」〔註50〕，因為歷史的失落感，會造成人民價值觀與性格上的扭曲和
腐化，李喬看到的是一再被殖民居住在臺灣的各個族群，在性格上是「自大
的福佬人、自卑的客家人、自棄的原住民」〔註51〕，也因此他的文學道路有
了轉向，「『土地、歷史、人民』成為李喬創作的主題，而『反省整個族群生
命、文化精神』，乃成為李喬文學創作的意識根源，那是李喬『對臺灣斯土斯
民深厚的情感與理性的自覺』」〔註52〕，這亦是李喬創作生平最重要的大河之
作《寒夜三部曲》的起始契機，這部以李喬家族共寫父母親三代，剛好貫穿
約百年的時間，且連結了臺灣歷史上三個重要的歷史事件，李喬稱之為「三
個痛點」〔註53〕。而這李喬記憶中的「痛點」，正符合自己對於臺灣文學的思
考，是人道主義關懷的，是貼合社會脈動的文學。作者再次把這樣以的「歷
史痛點」以文學筆法重新呈現，其中必然有其心中不得不表達的主題——是
基於對於生命存在，是對於這片土地的愛與使命感。當然九十萬字的《寒夜
三部曲》所包含的主題思想意涵，必不只這些，而其中最為重要的應是對於
以臺灣人、臺灣歷史、臺灣土地為主體意識的思考過程。

　　人的生命會因某些人事物的觸發而有不同的思考面。這是深入接觸臺灣
歷史檔案之後生命已經開始轉變的李喬，從早期短篇中重視個體書寫的小愛
小恨，到以蕃仔林一地為主要書寫場景的《寒夜三部曲》中彭阿強、劉阿漢

〔註49〕王昭文：〈追尋台灣的心靈——拜訪李喬〉，《李喬短篇小說全集》別冊（苗栗：
　　　　苗栗縣立文化基金會，中華民國89年1月），頁313。

〔註50〕李喬：〈臺灣新文化的基礎〉《文化心燈：李喬文化評論選粹》自序，（臺北市：
　　　　望春風文化，2000年10月），頁11。

〔註51〕李喬：《台灣人的醜陋面》（台北市：前衛出版社，1988年9月），頁135。

〔註52〕許素蘭：《給大地寫家書——李喬》，（台北市：典藏藝術家庭，2008年12月），
　　　　頁147。

〔註53〕〈戲謔的笑顏，沉重的生命——觀點、後設的重構〉收錄於《想像的壯遊——
　　　　——十場台灣當代小說的心靈饗宴2：國立台灣文學館‧第四季週末文學對談》
　　　　（台南市：國立台灣文學館，2007年12月初版一刷），頁221。

為主的群體意識，而《埋冤‧一九四七‧埋冤》一書中對於以臺灣歷史思考
已有階段性的完成。而在中篇小說《格里佛 Long Stay 臺灣》一書中，李喬對
於臺灣歷史思考進入另一個階段，是對於目前臺灣社會現況的觀察：

> 自一九九八年起我涉足主持電視節目和部份製作。二〇〇三年七月
> 至〇六年十二月，主持四個電視節目，是客語文化節目，我俯首悅
> 納。這段時間與「臺灣社會現實」裋裎肉搏，天性激情多感的我，
> 祇好夜夜服藥始得入眠，卻也累積太多於胸懷心底，這些「存貨」
> 再與數十年閱讀與沉思──不予「處理」，李喬身心就會「沈船」了。
> 中篇「格里佛 Long Stay 臺灣」與長篇「咒之環」，就是這種情勢情
> 境中完成的。這會使許多期待我掙脫歷史幽靈，投向現代輕描淡諷，
> 令人喜悅的作品──的朋友失望。〔註54〕

作者自己也說，會寫作《格里佛 LongStay 臺灣》一書，而且還把它出版，外表
看似無心插柳，但了解作者的人都知道，這本書的出現是「勢之必然，成理成
章」〔註55〕。此書以愛爾蘭第一位作家「綏夫特」（Jonathan Swift, 1667～1745）
的作品《格理弗遊記》（*Gulliver's Travels*）為其隱喻的主體，事實上綏夫特的
這本書，本身即是充滿隱喻的作品，而作者綏夫特本身是一個對時政相當熱衷
的人，可以說是以故鄉愛爾蘭的前途為自身努力的最終目標，因為對於英國常
常干涉愛爾蘭的政治與經濟，因此常寫文章批評當時的時政，希望藉此引起愛
爾蘭大眾的共鳴。在了解此書的作者與背景之後，不難發現李喬以此書作為書
寫隱喻主體的苦心了，而《格里佛 Long Stay 臺灣》正是融合以冒險、奇幻、遊
記於一身的諷刺小說，作者希望藉此喚起臺灣人對於目前許多社會現象的思考
與共鳴。文本以嘲謔式的口吻，將對於政治社會的思考隱藏於奇幻看似不真實
的背景之中，在臺灣，以奇幻冒險的遊記來寫政治隱喻的，李喬大概是第一人。
閱讀本書，不自覺的可將臺灣政治上的許多人事物，一一將他們「對號入座」，
其中一段寫到格理弗來臺灣 Long Stay 的理由：

> 「來當客座研究員，為什麼口口 Long Stay？」林士聰問。
>
> 「因為台灣不是我的故鄉，也非我的國家啊！」他乘機問幾個問題：

〔註54〕 李喬：《格里佛 Long Stay 臺灣》自序（高雄市：春暉出版社，2010 年 5 月），
頁3。

〔註55〕 李喬：《格里佛 Long Stay 臺灣》自序（高雄市：春暉出版社，2010 年 5 月），
頁3。

「台灣跟中國什麼關係？」

「……不知道……這個很複雜。」

「二〇〇〇年政黨輪替，二〇〇四年連任，可是怎麼會這樣？」

「你說……混亂；人家，執政，在野永不接受？不知道。」

「許多是與非，合法非法，清清楚楚，但是……」

「它就是混淆不清，就是不能各得其所？不知道。」

「人家飛彈瞄準之下，還不能團結對外？」

「我們有人認為飛彈有辨別敵友裝置吧？哈哈！」

「明明無限制投資，會以政治控制經濟，為何不怕？」

「本地俗語說：不死一次不會怕。這就是台灣。」

「西方是媒體當資本家打手。你們台灣媒體……」

　　林士聰說：要研究扭曲的、特殊的後殖民狀態，台灣是「博士後研究」最佳場域。他說：所以我決定 Long stay 台灣。以下各節就是格理弗、郭禮福的見聞概要。〔註56〕

李喬的文學有著貼合社會脈動的文學的特色，其中自稱是自己最後倒數第三本小說《格里佛 Long Stay 臺灣》，李喬又以一個新的手法，呈現對於當今社會的觀察，這次他化身在文本中的人物，直接的，明白的透過這個人物來講自己想說的話，這樣的直接化身文本中的書寫，也延續到了下一部長篇小說《咒之環》。在《咒之環》中，我們看到的是李喬對於臺灣意識的向上堆疊，背負在他生命中那不可承受之「重」，是一個知識份子想為國家投以一己之心的抱負。

　　一九八三年李喬開始著手蒐集二二八的相關史料，於當時五月與二二八當時的「二七」部隊隊長鍾逸人先生，到日本借閱刊載二二八相關資料的《臺灣青年》雜誌，隔年（一九八四年），受「北美洲臺灣文學研究會」的邀請，與鍾肇政先生同赴美國，參加芝加哥舉行文研會的年會與巡迴演講〔註57〕，在美國的四十一天中，帶給李喬對於「文化」有了不一樣的體會：

〔註56〕李喬：《格里佛 Long Stay 臺灣》自序（高雄市：春暉出版社，2010 年 5 月），頁 4。

〔註57〕林衡哲：〈文化心燈序〉引自於李喬：《文化心燈：李喬文化評論選粹》（台北市：望春風文化事業股份有限公司，2000 年），頁 6。

> 李喬深深瞭解:「文化」與一國國民精神內涵、行為表現的關連性。
> 兩次出國對異國文化的體驗,強烈衝擊李喬的文化思考。美國旅行
> 回來,朋友請他寫「旅美感言」;李喬是一位「容易看到別人的優點、
> 自己的缺點」的人,於是決定寫下他長期以來對臺灣人的文化內涵、
> 集體性格……的觀察與反省──「臺灣人的醜陋面」,代替「旅美感
> 言」。〔註58〕

作者幼時經驗造就他敏感悲觀的個性,因為這樣的個性,他對於臺灣社會的
脈動感受是相當深刻的,而這次美國之行的衝擊,可以說是將他的社會觀察
與寫作心得結合的催化劑。李喬的文學,表現出一個重要的使命感,就是「以
期繼續提昇生活素質,改進大眾生活」〔註59〕為主要依歸,在從認同臺灣的
土地出發後,只有認同腳下的土地是不夠的,還要從人思想認同的精神層面
出發,就是「文化」。

第二節　臺灣主體意識的思考

　　臺灣主體意識對李喬而言,是一個漸漸形塑的過程。對作家而言,這是
一個自然也是必然的過程,是透過自身寫作而得的在思想上的意念成熟過
程,擁有敏感個性的作家,自幼造成的悲觀性格,全部表現於作品之中,寫
作時重要的人事物,對他產生極大的影響,尤其是二二八事件。自言:

> 一九九五年出版《埋冤‧一九四七‧埋冤》之後,創作幾乎完全停
> 頓;是社會需要,也是個人使命感驅使──全力探索書寫有關文化
> 的議題,並著手撰寫《臺灣文化概論》這本大書。〔註60〕

李喬投入相當大的心力,由日文有系統的吸收許多西方文化、人類學方面的
知識,試圖從其他國家的文化中,理解、吸收、汲取他人的優點,回頭檢討
自己不足之後,進而提出可進行的相關論述。

　　作者的想法是「改造中的臺灣非常需要有關文化的系統性知識」,但是文
化是跟整個社會人民相互結合的,是抽象的思考,所以,同是生活在臺灣的

〔註58〕 許素蘭:《給大地寫家書──李喬》(台北市:典藏藝術家庭,2008 年 12 月),
頁 145～146。

〔註59〕 李喬:《台灣文學造型》(高雄市:派色文化出版,1992 年),頁 13。

〔註60〕 李喬:《文化、臺灣文化、新國家》自序(高雄市:春暉出版社,2001 年 3
月),頁 5。

人，就是一個共同的「文化體」，也因此，「臺灣社會乃至學界，總是把『文化』當形容詞用」，由於李喬洞悉到的根本問題所在，所以，他想為年輕人提供一些與此有關的幫助，這是他「個人存心『用世』的努力」，他的努力，也得到回饋：

> 十年前在真理大學兼課時的學生，現在是某國立大學博研所學生。在自強號火車上相遇。他說：老師授課的「臺灣文化概論」，當時不甚了了；但你那本《文化、臺灣文化、新國家》卻是我近年獲益最多的一本書（那本書的前半，是當年「臺灣文化概論」的教材）。
>
> 一位自日本取得學位的歷史教授，囁嚅一陣後說：我這樣說，請別生氣——你那些文化論述，比小說作品，對臺灣的裨補可能更大……
>
> 〔註61〕

當然這也鼓舞了作者持續在臺灣文化層面上的思考。而對於臺灣文化思考不僅與小說結合，它甚至可以彌補小說留下的遺憾，在二○一○年十二月在淡水真理大學舉辦的「第十四屆臺灣文學牛津獎」的頒獎典禮上，李喬以得獎人身分上臺致詞，其中他說道，在寫完《咒之環》一書後，他沒有半點快樂的感覺，心中反而強烈的感到「稀微」（臺語）〔註62〕，也因此有了《我的心靈簡史——文化台獨筆記》一書的出現。

　　李喬多次發表關於臺灣必須建構屬於自己的主體與文化意識的文論，關於「臺灣主體性」的追尋與建構，李喬提出這樣的看法加以說明：

> 「臺灣主體性」不是一個「自然臺灣」就本質地存在那裡；而是「文化臺灣」——臺灣人經由反省覺醒，創造實踐的結果。進一步說，「臺灣主體性」不只是臺灣歷史、地理、文學藝術……，各領域都具備了「自主性」，形成整個臺灣網路，於是就形成了「臺灣主體性」。這些「加起來」並不等於「臺灣主體性」；只是臺灣主體性的必須條件；充分條件是需要一個統攝全體的力量，也就是物質基礎與精神

〔註61〕李喬：《我的心靈簡史：文化台獨筆記》（新北市：新莊市，望春風文化出版，2010 年 12 月），頁 17～18。

〔註62〕《咒之環》一書於 2010 年 7 月出版，據當天頒獎典禮只有幾個月的時間。2010 年 12 月 18 日當天作者於臺上自言時提到：只有臺語的「稀微」最為貼近他的心情，所以筆者特別以「稀微」二字呈現，此二字參考教育部臺灣閩南語常用詞辭典，參考網址：http://twblg.dict.edu.tw/holodict_new/default.jsp，上網日期：2011 年 7 月 25 日。

建構的綜合體——提出「臺灣」爲「國家象徵」符號。〔註63〕
在此段文字中，有兩點值得注意，第一是是「臺灣」作爲一個「國家」的象
徵符號；另一爲提出「文化臺灣」的概念。以臺灣爲一個「國家」，其中不缺
少的是「認同」的概念，基本上，在李喬提出的概念裡，臺灣人的國家認同
與其在文化上所呈現的意義是不可分的，雖然如此，李喬看到臺灣在對於臺
灣是一個「國家」的認同觀上，卻產生危機，他提出「目前臺灣的處境是充
滿危機的時刻，依據人類歷史經驗，在此情境下應該更能產生內聚力，形成一
體共命的意識。然而，實際上竟然相反，居然是進退失據，逡巡茫然」〔註64〕。
李喬表達了臺灣的主體性必須是一個「文化臺灣」，顯示「文化」的層面是建
構主體性的重要關鍵，「文化乃『臺灣主體性』的底基（Substratums）」〔註65〕
而「臺灣主體文化」還不僅止於觀念的釐清層面，必須著重在「如何呈現」？
作者從「臺灣有它有別於他地的生態背景，有異於別處的社會成員，其特殊
的歷史經驗與歷史累積——這一個『生活共同體』所形塑的文化，自然有其『主
體性』」著手，臺灣獨特的歷史經驗，形成特有的文化結構，可見文化與歷史
是無法切割分離的，然文化的形成，是眾多人民長久累積而來的生活經驗，
是一種自然形成的，但也隨著時間的向前推移而產生變化，所以直到現在，
李喬仍致力於建構屬於臺灣文化的論述體系，仍爲了臺灣文化努力不懈，以
演講、撰文等行動身體力行，也讓文化相關論述成爲李喬書寫的另一個重點。

以下本文將透過李喬對於臺灣文化專書的討論，分析其對於臺灣主體文
化的建構過程，作者提出看到臺灣這塊土地上生活的人有著怎麼樣的共同面
向？而這些面向是否就是阻撓臺灣獨立自主的主體意識的建立？作者又如何
將這樣的臺灣主體意識通過小說創作來表現。

一、從檢討臺灣人的缺點出發

其實自九〇年代以後，李喬的閱讀與思考，大部分著重在文化的議題上，
而對於文化議題的關注，幾乎與他的文學創作時間一樣久遠，而從較具體的

〔註63〕 李喬：《文化心燈：李喬文化評論選粹》（台北市：望春風文化事業股份有限
公司，2000 年），頁 263。
〔註64〕 李喬提出的關於「台灣（國家）的認同危機」，可參考李喬：《文化‧台灣文
化‧新國家》（高雄市：春暉出版社，2001 年）第八章。此段引自此書，頁
244。
〔註65〕 李喬：《文化‧台灣文化‧新國家》（高雄市：春暉出版社，2001 年），頁 301。

書寫表現來看，一九八四年經過北美旅行四十天之後，開始寫一系列以反省
臺灣人的文字，雖言是「旅美心得」，實際上是從「別人」的好，看到自己的
「壞」，並思考別人可以做得到，為什麼我們不行，是對於「思考臺灣前途」
的嚴肅審酌與看待。

　　《臺灣人的醜陋面》〔註 66〕是李喬暫且放下文學創作，開始寫作一連串
關於臺灣「文化」討論專書的開始，也是李喬以臺灣為主體的文化論述的第
一本書，雖然曾經說道，當時寫作此書時，是「感性重於理性，只具備一般
人文社會常識而已」〔註 67〕，但縱觀臺灣文壇，從臺灣人的各種「陋習」來
討論臺灣人的民族性，並且如此尖銳而直接的作家，大概只有李喬一人，論
者黃文雄在此書的〈海外版序言〉中，有對於此書深入的說明：

> 在臺灣經綸之文雖多，內省之文卻不可多見，李喬苦心追尋臺灣社
> 會的病理與生理，文筆深入臺灣社會心理的深層，從臺灣人的精神
> 面直搗未曾揭發的靈魂暗處，……可以看出李喬對臺灣族群的沉思
> 自省，探索細察；也可以看出李喬對臺灣社會現狀痛心疾首，苦惱
> 擔憂之所在。這是一本除了腳踏實地、熱愛鄉土以外的人無法寫出
> 的愛心傑作。〔註 68〕

李喬以愛出發，要臺灣人勇敢面對自己的缺點所在，這不是一件容易的事，
先從了解自己的不足處出發，才能對於不足處的補強，

　　李喬以文字來建構自己對於臺灣這塊土地的一種歸屬感，他用作家細膩
的眼光觀察這個社會，以直接犀利的筆調寫出他的觀察心得，提出臺灣人在
共同的環境歷史當中，形成許多共有的生活模式與人格養成，這些性格養成
中的某些特質卻是李喬眼中所認為的缺點，他認為要「立」必先「破」，積極
檢討自己的缺點在那裡，才能夠對症下藥，人民共同的生活特殊表現必是其
社會環境與文化的影響而成，在李喬的觀念裡，臺灣人要建構一個大家都能
夠認同的象徵「國家」的符號，必須要先提昇人民的文化環境，所以檢討臺

〔註 66〕李喬：《台灣人的醜陋面》（臺北市：前衛出版社，1988 年）。這本書的內容於
　　　　　1986 年 12 月開始在《台灣新文化》雜誌上連載，於 1988 年 6 月始集結成冊
　　　　　出版。
〔註 67〕李喬：《我的心靈簡史：文化台獨筆記》（新北市：新莊市，望春風文化出版，
　　　　　2010 年 12 月），頁 18。
〔註 68〕黃文雄：〈海外版序言〉，引自李喬：《臺灣人的醜陋面》（臺北市：前衛出版
　　　　　社，1988 年 9 月），頁 6。

灣人歷久以來所呈現的性格特質，是作者以臺灣主體性為象徵符號表現的第一步。而一九八八年出版的《臺灣人的醜陋面》一書，可以視為作者對於臺灣的現實社會、環境深入觀察有所感觸而成的文論，是李喬創作生涯中另一個重要的寫作面向。文論中提出許多自己的看法與見解，目的在於提出他所看到的臺灣以及臺灣人，有著怎樣的獨特面貌，從書中可以看到他提出所觀察到的關於臺灣人的種種缺點，是「以臺灣人的立場，來進行自我批判的第一本書」〔註 69〕；他認為能夠提出根本缺點，進行自我批判者，臺灣（臺灣人）才可能有所進步，才有向上提升的希望。這本書可視為李喬基於「對這塊土地的愛，對這塊土地上生存族群的關懷，才發抒為文，寫下深刻的自我批判和策勵期待的心中話語」〔註 70〕。

書中一共分成九章加以討論，前八章裡，李喬從臺灣的諸多文化面貌中，指出臺灣人所顯現於性格中的集體表現，包括：「自甘做長不大的孤兒」、「欠缺宗教情操，信奉『賄賂一貫教』」、「臺灣人太多『雞棲王』」、「有腦無漿健忘症，悲劇布偶死生由人」、「清清采采，不求精緻」、「殘酷自私，不具現代人德性」、「行業道德淪喪，欠缺可大可久的胸襟眼光」、「自大的福佬人，自悲的客家人，自棄的原住民」等。李喬在文章中，以直接且犀利的文字，毫不留情地揭露他所觀察到的，臺灣人諸多醜陋的面向，但是，這樣的提出臺灣人醜陋面的背後，其實是李喬為了可以讓臺灣人在清楚知道自己的缺點之後，能夠徹底改過，建立一個更加美好的臺灣未來，這是李喬的用心良苦，曾有感而發的寫下：

> 臺灣人啊！你要冷靜，你也要勇敢！你要記取教訓，你也要拋棄歷
> 史的包袱並勇敢的開創歷史！臺灣人懦弱過，但臺灣人啊！你的名
> 字並不叫做「懦弱」；臺灣人有醜陋的諸面貌，但不必是全稱的「醜
> 陋的臺灣人」！臺灣人也不全是醜陋的！勉乎哉！勵之哉！我多難
> 的成長中的臺灣人！〔註 71〕

這是李喬發自內心的呼告，臺灣特殊的歷史發展，經歷過許多不同政權的轉換，在臺灣這塊土地的開墾過程中，也經歷不同族群紛爭的磨合時期，獨特的歷史發展，在在影響著臺灣人的文化與性格的養成。

〔註 69〕 張炎憲〈《台灣人的醜陋面》序〉，李喬：《台灣人的醜陋面》（台北市：前衛出版社，1988 年），頁 8。

〔註 70〕 同上註。

〔註 71〕 李喬：《台灣人的醜陋面》（台北市：前衛出版社，1988 年），頁 91。

二、落實於「臺灣文化」的主張

　　「文化」一詞包含極廣，在定義上容易顯得空洞而不著邊際，好像與我們的生活緊密結合，但卻又是不容易將之作明確的解釋或定義，李喬以「文化本身存而不在，必需依附『形式』呈現」和「文化就是群體生活經驗的整體特質」兩點來說明所謂「文化」是什麼？在對於「文化必須依附形式呈現」的說明中，李喬提到：

> 文化是人的生活、活動等「現象」裡面的特質、因素；它本身存而不在，必需依附「形式」方能呈現，就像地球的弱力，唯有在物體相對中乃能發揮「威力」。〔註72〕

文化隱含在社會中，個人與群體的一切行為舉止思想，甚至是思考方式當中，在同一個族群裡，個人、群體所表現出來的，一定具有這個族群的特質，是與其他族群互異的東西。例如就二二八事件對臺灣的文化所產生的影響，就是形塑臺灣文化特質的其中之一：

1. 臺灣人對「國家」產生迷惑：以臺灣人的歷史經驗看來，要分解國家和政府是困難的，因為臺灣人碰上的都是「政府就是國家」。所以，臺灣人對「國家」是不得不質疑，不得不迷惑萬分了。

2. 臺灣人文化祖國的虛位化：「二二八」之後，那些劫後餘生者終於——原先認同中國文化的——絕望而嘆，認同日本文化的仰天無語。前者的失落無奈可想而知，後者的茫然無助也不難理解。

3. 扭曲臺灣人的族性：自保之道是冷漠、自利自私，不要涉及政治、摒棄公德。於是「懦弱」便成為一種美德，「不反抗」，做順民便是長命富貴之道。這是被「二二八」嚴重扭曲、傷害的臺灣人心靈。

4. 臺灣人意識的確立與深刻化：臺灣人是在悲泣哀號中「不得不」成為臺灣人的。這個因緣造就，使歷代臺灣人在尋找自我，在追尋群體出路與幸福的行程上，九曲崎嶇艱辛備嚐。〔註73〕

所以，臺灣二二八之後，臺灣人在「心理」上的成長，在「體質」上也漸漸

〔註72〕李喬：《臺灣運動的文化困局與轉機》（臺北市：前衛出版社，1989 年 11 月），頁 11。

〔註73〕李喬：《臺灣運動的文化困局與轉機》（臺北市：前衛出版社，1989 年 11 月），頁 110。

茁壯，終於促使臺灣人的自我醒覺，「臺灣人意識」由確立而深刻。這是李喬對於二二八事件在臺灣文化中的影響的解讀，而他的文學至此之後的重點在於「是否寫出臺灣人的心聲、臺灣人的痛苦、臺灣人的希望」〔註74〕，並將臺灣的前途所在的思考，指向從文化的範疇出發。

在提出對於臺灣人民獨特的性格表現檢討之後，李喬著重於臺灣歷史與文化的釐清，試圖從臺灣特殊的歷史經驗與文化形成，說明在這樣的一個歷史與文化的脈絡下，臺灣異於其他國家的獨特性得以顯現，所以在文化層面上提出許多觀念的釐清與說明，這是繼檢討臺灣人的醜陋面之後，為臺灣主體性建構的下一個階段，對於這樣一個文論的建立過程，作者曾於文中提及：

> 一族群的共通性格趨向，一社會人群的共同性質特色，尋根溯源，必然可在其文化特質上找到頭緒線索；檢討臺灣人的性格，描繪臺灣人的醜陋面後，宜把臺灣文化的過去與現在檢視一番，並試著指述未來可能發展與希望。「臺灣文化的未來」，正是「臺灣的未來」之根本；「臺灣文化的未來」如果剛健高闊，「臺灣的未來」才是康莊坦蕩的。〔註75〕

這是作者為何如此重視臺灣社會文化的原因之一，因為社會經驗的表現就是這個民族特有的文化，是異於其他族群的文化特質，唯有對臺灣文化的追本溯源，徹底的瞭解與深入的探討之後，才能朝著下一個對於臺灣文化改造提出較具體見解的階段邁進。

在《文化‧臺灣文化‧新國家》〔註76〕一書中，李喬對於臺灣的文化改造提出個人獨特的見解，在對於建構臺灣獨特的歷史與文化觀方面標明了較具體的看法。他認為一切關於臺灣這塊土地的文化思考、主張，應該是：對於「命運共同體」的凝聚，應該要有助力、正面的作用，至少不得有礙、有損。〔註77〕

對人間充滿愛的李喬，以臺灣的作家身分思考，臺灣該如何走出自己的路，用一個充滿使命感的身分出發，提出從「文化」層面中的自我檢討與批評，「批評必須把自己設想成為了提升生命，本質上就反對一切形式的暴政、

〔註74〕 李喬：《臺灣運動的文化困局與轉機》（臺北市：前衛出版社，1989年11月），頁204。
〔註75〕 李喬：《台灣人的醜陋面》（台北市：前衛出版社，1988年），頁160。
〔註76〕 李喬：《文化‧台灣文化‧新國家》（高雄市：春暉出版社，2001年）。
〔註77〕 參見李喬：《台灣文化造型》（台北市：前衛出版社，1992年），頁127。

宰制、虐待；批評的社會目標是為了促進人類自由而產生的非強制性的知識」〔註78〕。對於一直處於被殖民情況下的臺灣，「由於缺乏『解殖』經驗，『殖民／反殖』的文化邏輯，從來就不是那麼清楚地，成為臺灣歷史研究主要的議題空間，即使在反日本殖民統治的早期階段，這種文化對抗邏輯也更多的是充滿曖昧性與混雜性」〔註79〕。

　　最後提出對於「同文同種」的彼岸政權的進一步思考。這是李喬從論語、孟子、中庸中檢討之後的心得，也是李喬的創作最後幾部長篇皆回到臺灣的歷史書寫，因為他從中找到屬於臺灣獨特的歷史，不再是與對岸「同文同種」，臺灣在四百多年來，已經建立了屬於臺灣的歷史，此時李喬的文學世界已經進入成熟階段，思想性的歸結論述也已臻完整。

第三節　臺灣主體意識在小說中的呈現

　　從「臺灣」這一塊地出發，我們有自己獨特的歷史累積和發展，有自己的社會型態，人民的生活方式，這樣的一個有強大生命力的社會，自然可以有自己的文學，即使被殖民而扭曲的歷史，從那其中發展出來關於抵抗異族的書寫，也必定有臺灣人的特色，找尋臺灣「所有人」皆認同的主體意識，雖然是一條崎嶇坎坷的路，但是對於生養我們的這一塊土地的認同，應該是沒有異議的，如此發展出來的文學，自然是具備「主體性」的文學，而「作家詩人創作的文學作品，成為『臺灣主體性』建構的主力之一」：

> 　其實，認同是很具體的，是這塊養活你的土地，那種特別的生態背
> 景之下，那種歷史累積之下，這樣特別的社會結構之下，我心甘情
> 願成為其中之一員而生存；我的理想不是虛無縹緲的「天國」，更不
> 是地大物博的那個什麼國家。〔註80〕

李喬以植物的生長來做比喻，植物會開花結果結成種子，種子裡有一個新的生命存在，種子新的生命開始是從離開母樹之後，找到泥土、養分、陽光之

〔註78〕愛德華・薩依德（Edward W. Said）作；單德興譯：《知識分子論》緒論，（台北市：麥田出版，2004年1月），頁9。

〔註79〕宋國誠：《後殖民論述：從法農到薩依德》，（台北市：擎松圖書，2003年11月），頁17。

〔註80〕李喬：〈戰後臺灣小說的文化批評〉《國文天地》16卷5期，2000年10月，頁30。

後，新的生命才會開始成長茁壯，植物落地生長的那個定點，就是生命的定點，人也是如此，當年紀越大，故鄉越遠，但你始終將故鄉放在心裡，就像有神祕的力量對你呼喚，這就是你的認同。生命可以延伸很大很長，但如果沒有生命的定點，不可能成長茁壯，而是生命的漂浮不定。

　　生命的地點來自土地。人民與土地有所關係，他才會對這塊土地有認同感，因爲有感情，所以作家的創作來源才會是自己的土地，如果以臺灣的文學是鄉土的文學來說，那「鄉土」的意象就必須是以臺灣爲發出點的人事物，取材於大眾生活的作品就是鄉土文學作品，論者彭瑞金即以此論點來說明臺灣文學中主體性意識的存在：

> 歷史經驗取材取向之外，在反共文藝政策高壓下，臺灣文學另外一項值得注目的是發展出貼近庶民生活史的，以人民的生活和土地關懷起點的文學。這與反共文藝淪爲白色恐怖統治工具、和「中國文學」以士大夫階級爲本位出發的文學，是完全不同型態的文學。日治時代鄉土文學運動的經驗未必承傳下來，但從戰後第一代作家的起步作品，便很明顯地有取材大眾生活經驗，以小公務員（失意的知識份子）、農民、工人、羅漢腳、童養媳……爲文學關懷對象的特性。〔註81〕

不論是從歷史悲情或鄉土關懷爲主題的書寫，是逐漸走向臺灣社會和民眾的核心，而「人民」與「土地」正是此書寫最豐富的滋養來源，也是臺灣主體意識的表現方式。

　　因爲如此，以臺灣出發的文學現象，應該是一種對於臺灣在地的尋根的運動：

> 二十年來根植本土的文學迅速發展。一九七七年的「鄉土文學論戰」往往被賦予濃重的意識，其實是矮化了「文學現象」的深刻意義。二十世紀後半普世性的尋根運動，不是漢字「尋根」的狹窄意涵。一九七六年美國黑人作家阿力克斯・哈雷（Alex Haley）的《根》（Roots），尋找到的是當下生活基地才是「美國黑人」的「根」。這個宣示應是人類歷史行程上偉大的覺悟：認同當下的大地。〔註82〕

〔註81〕 彭瑞金：〈戰後臺灣文學的發展經驗〉《驅除迷霧找回祖靈》（高雄市：春暉出版，2000 年 5 月），頁 11。
〔註82〕 李喬、許素蘭、劉慧眞主編：《客家文學精選集：小說卷》書前序（台北市：

　　李喬以生態學與神學，進一步討論文學的「根」是指向「當下在地」。生態學的原理證明地球是一整個生態體系，而不同人種在各自的土地活動，理所當然，人的活動是應該納入在那個「該地」來進行討論，其中當然包含文學活動。而以神學來解釋的是，上帝的普世精神，因為全球各地，人與上帝的距離事相同的，因為上帝給了每種人屬於他們的土地，文學自然由當下在地出發。

　　李喬復從臺灣人的性格表現與臺灣社會文化等相關層面，提出自身觀察臺灣現象的心得，對於最後落實於「臺灣文學主體性」〔註83〕的建構方面，曾以專文提出自己的相關見解，文論中從整個國際形勢中觀看臺灣文學的獨特性，認為「臺灣文學主體性的探討就文學本身言，是明確認識臺灣文學特質特色，真切掌握臺灣文學內涵奧秘的必要工夫；就整體生存需要而言，正是探索民族文化的最佳管道」〔註84〕，文化社會與文學是無法切割分開的，文學勢必以文化社會為書寫基礎，以表現臺灣文學的獨特性，「文學是屬於作者，而此『個人』──詩人作家乃屬於特定土地與人民的一員。此中關係，以部門歸類，應該說，詩人作家的作品，有其文化底基，而此文化底基來自民族族群的歷史累積，生態背景，社會實況」，〔註85〕。

　　作者以臺灣文學史上，作家與作品的表現歸納出臺灣文學的特質有三，以「歷史事實來考查，臺灣歷史上的作家，幾乎都是社會改造運動，文化啟蒙的一員大將，甚至於是民族解放鬥士之一。如賴和、楊逵、張文環、張深切、王詩琅、楊華、呂赫若、楊雲萍、蘇秋桐、吳新榮等，無一例外。所以臺灣文學本質上是『參與的文學』、『行動的文學』、『責任的文學』。」〔註86〕此一特點與亞洲其他國家相較，雖然有一些相類似點，其中除了在文學外觀的表現上是如此，主要可從創作者的主觀意識表現得知。在其他國家裡，幾乎沒有似臺灣如此「純而專」〔註87〕的現象，「這是根本；是臺灣文學主體性的明確呈現」〔註88〕；另一特點是以寫實文學，呈現反抗為主題，如賴和的

　　　　天下遠見出版，2004 年 4 月），頁 1。
〔註83〕李喬：〈「臺灣文學主體性」的探討〉收錄於李喬：《文化・台灣文化・新國家》
　　　　（高雄市：春暉出版社，2001 年），頁 301～320。
〔註84〕李喬：《文化・台灣文化・新國家》（高雄市：春暉出版社，2001 年），頁 301。
〔註85〕李喬：《文化・台灣文化・新國家》（高雄市：春暉出版社，2001 年），頁 303。
〔註86〕李喬：《文化・台灣文化・新國家》（高雄市：春暉出版社，2001 年），頁 304。
〔註87〕李喬：《文化・台灣文化・新國家》（高雄市：春暉出版社，2001 年），頁 304。
〔註88〕《文化・台灣文化・新國家》，頁 304。

〈鬥鬧熱〉、〈媽祖慶典〉，楊雲萍〈秋菊的話〉、〈光臨〉等作品，皆聚焦於反封建反迷信的主題及寫實描寫；另外如賴和、張文環、楊逵等人對於殖民統治者與剝削者的反抗譴責爲主題的作品；還有前文所提及賴和等人書寫「臺奸——三腳仔」的主題到後來的鄭清文、李喬、宋澤萊的反抗書寫，可以說是一脈相承，展演了臺灣小說反抗主題的原型。這些寫作的傾向與特色，「也使臺灣文學與『其他地區文學』區隔開來」〔註89〕；最後，李喬以「臺灣的社會，是先人篳路藍縷，開拓新創的空間」〔註90〕爲背景提出的第三個臺灣文學的特點是「最富人道主義的平民文學」〔註91〕。

　　以上李喬將臺灣文學的特質歸納的三點是環環相扣，緊密相連的，同時這也是由於臺灣的歷史累積、生態背景、社會實況造就臺灣獨特的文學特質：

> 假如不走上創作小說的路，如果不是一生持續寫作，我不會觸及臺灣人前程問題。因爲從文學出發，所以會從文化層次探索臺灣、中國的種種，是水到渠成，自自然然。〔註92〕

在李喬實踐臺灣主體意識於創作過程中，我們看到一個知識份子對於社會家國關懷的焦慮。以書寫的方式表達，是對於心中家國主體意識的建立與召喚。主體性的建構文字透過與「他者」的關係呈現，對於「他者」的反抗過程，不管產生如何的結果，是凸顯自我意識的一種方法，反抗是尋找認同的方式、建立族群集體意識、國家主體性的方式之一。如在《荒村》中，劉阿漢的「反抗意識來自他覺醒到個人與群體是息息相關的」〔註93〕。

　　對於臺灣主體性的建構由小而大，由如《荒村》裡，劉阿漢與劉明鼎從自身出發參與農民組合的抗日團體，透過中壢、苗栗、二林等地區發動的反日行動，表現由個體所發展出來對於家國的認同意識；而「土地」是人類依存的根本，也是李喬建構臺灣主體性最重要的意象，本節從李喬創作中關於個人身分認同，進而表現集體意識與母親／土地意象書寫建構臺灣主體性加以討論。

〔註89〕《文化‧台灣文化‧新國家》，頁305。
〔註90〕《文化‧台灣文化‧新國家》，頁304。
〔註91〕《文化‧台灣文化‧新國家》，頁304。
〔註92〕李喬：《我的心靈簡史：文化台獨筆記》（新北市：新莊市，望春風文化出版，2010年12月），頁56。
〔註93〕盧翁美珍：《李喬《寒夜三部曲》人物研究》，國立彰化師範大學國文學系碩論，2004年，頁274。

一、個體身分認同的追尋

　　從臺灣的歷史脈絡觀之，臺灣是在日本政權眞正完全進入臺灣之後，臺灣人「共同體」的意識出現。這樣的共同體意識可以視爲臺灣人首次對於身分認同意識的整合，這樣因爲外來政權產生的身分認同意識的整合，原本可以就這樣停留或持續下去，但是，在日本政權離開臺灣之後，正當臺灣居民以期盼歡迎的心情迎接到來的中國政權，卻爆發了二二八事件，這是事件是臺灣島內身分認同的重要分水嶺。但此後關於臺灣人身分追索的認同問題，大多明顯或隱含某種「中國」與「臺灣」意識的對立。

　　臺灣人民受到日本殖民與國民政府來臺時所帶來的中國的意識型態，造成臺灣人對於臺灣文化的不確定性，而臺灣是否發展出屬於自身獨特的文化特性，關係到臺灣人民是否有屬於自己的文化認同，有自身獨特的文化認同，才能建立自身主體認同的歸屬感，自我身分認同必須達到共識，始能建立群體的共同意識，生活於這個地方的每一個個體，對於這個地方必須要有主觀的認同，李喬曾提出臺灣人對於認同的差異問題主要根源：

> 今天臺灣人的問題是：（一）文化底層就隱含漢人「中心──邊陲觀」的毒素，使得多數人仍有身世之謎，而陷入自我肯定困難的疑惑裏，
>
> 　　（二）統治者四十年的麻醉教育，媒體壟斷，使得臺灣人有「智障」之危，（三）物質生活充裕，精神世界空洞：現實取向的價值觀下，
>
> 面對彼岸恫嚇利誘下，要堅持純淨的理想就困矣難哉了。〔註94〕

作者亦曾從客家人的認同觀〔註95〕與宗教信仰層面〔註96〕談臺灣人應有的自我身分認同，冀望在自我探索的過程中，明瞭眞正問題所在，達到臺灣人皆能有共同的認同主體共識，在短篇小說〈阿妹伯〉與〈鹹茶婆〉中，可以看到兩個同是來自於海峽彼端的角色，透過小孩子阿喬的眼光，來看蕃仔林這個地方，阿喬是李喬孩童時的化身，而阿妹伯與鹹茶婆更是作者童年時在故鄉接觸過的人物。在一段阿喬要求到阿妹伯家玩的對話，但阿妹伯卻說：「不用去了，我家只有一人。」〔註97〕在小說中，阿妹伯直接告訴阿喬，他的原鄉在中國大陸，阿妹伯的家人全在海彼岸廣東汕頭，他們是回不了家而流落

〔註94〕李喬：《台灣文化造型》（台北市：前衛出版社，1992年12月），頁146。
〔註95〕《台灣文化造型》，頁281～290。
〔註96〕《台灣文化造型》，頁174～175。
〔註97〕李喬：〈阿妹伯〉，收入於《李喬短篇小說全集》第1卷（苗栗：苗栗縣立文化基金會，中華民國89年1月），頁71。

在臺灣的人：

> 「為什麼不回去？」我問。
>
> 「將來你就知道，現在不要問。」
>
> 「那麼，阿妹伯，你不是我們這裏的人嗎？」
>
> 「誰說不是？我們一樣——你的祖先也在那邊，只是他們先來罷了。」
>
> 這是不可思議的事，在當時我的確是想不透的。〔註98〕

此篇短篇創作是李喬早期的作品，發表於一九六二年，文中男孩阿喬所想不透的事，是作者欲於此篇中所表現的深層意涵——就是以阿妹伯的身分認同來帶出其背後更大的關於國家認同的企圖。作者從身旁熟悉的人物著手，由文中的人物主角來表現大陸原鄉已經埋於內心底層，接受了「無法回去」的念頭；另外，在〈鹹菜婆〉一文中，主角鹹菜婆為了救丈夫來到臺灣，但是丈夫病死於獄中，且因為老家唐山正陷入與日本的戰爭中，因此鹹菜婆被迫留在蕃仔林不能回去，在一次鹹菜婆生病時，阿喬去看她，她才將關於自己為何在蕃仔林的經過告訴阿喬，阿喬安慰她說：

> 「不要難過，以後，回去嘛！」我想到該安慰她。
>
> 「是啊！唐山人打贏了，我就能回去！」
>
> 「那時，帶我去，好嗎？」
>
> 「當然好。唉！阿喬牯；你們老家，在廣東梅縣，就是唐山那邊嘛！」
>
> 〔註99〕

阿喬對於鹹菜婆的這番話「不懂，又像懂」，而阿喬的表現是作者生動地描述了，小說人物在對於身分認同上的模糊懵懂的不確定感與矛盾感，透過作者的書寫，像阿妹伯與鹹菜婆這樣的身分，論者葉石濤提出自己的看法：

> 在臺灣長達四百年的歷史中，除滿清統治的二百十二年之外，臺灣時常和大陸處於隔絕的狀態。事實上從滿清中期以來自唐山的移民，逐漸在臺灣土著化，所有文化模式和生活現實也逐漸變成異乎唐山的獨特狀態。雖然在血緣、地緣、史緣的關係，臺灣常受到來

〔註98〕 李喬：〈阿妹伯〉，收入於《李喬短篇小說全集》第 1 卷（苗栗：苗栗縣立文化基金會，中華民國 89 年 1 月），頁 71～72。

〔註99〕 李喬：〈鹹菜婆〉，收入於《李喬短篇小說全集》第 3 卷（苗栗：苗栗縣立文化基金會，中華民國 89 年 1 月），頁 216。

　　自唐山的刺激和影響，但適合臺灣大自然的生存方式既已固定下
　　來，自然產生了自主性的文化型態，那麼來自唐山的各種影響，其
　　衝擊的力量微弱乏力。〔註100〕

李喬在文本中想表達的是，臺灣人民在歷史文化上，受到日本的殖民政策洗
禮，與臺灣人對於「中國」在意識上的分歧，造成對於身分認同觀念產生差
異，也造成臺灣人對於臺灣文化的不確定感，關於臺灣人在身份認同上的疑
惑，只要是在臺灣生活的人，應該以這片土地出發，不管原來的身分是什麼，
剔除掉種種干擾的因素，建立臺灣人的文化，創造獨特的文化系統，始能建
構關於臺灣的自主性。

　　〈鱒魚〉〔註101〕是太古冰河期就已經存在的魚，因為地殼的變動，被「『陸
封』於海島的深山的『高山鱒』」，是一種被悲情困住的魚，正如當時的作者：

　　兩邊二千五百公尺高的雪線，瀟灑地跟我們跑。我感到自己粗糙的
　　心靈忽然潤滑起來；也那麼瀟灑地跟它們逍遙於杳杳悠悠的無盡空
　　間。我突然想到長白山，泰山、阿爾金山，天山，覺格魯達格山，
　　庫魯達格山，大雪山。哦，大雪山，那一片平均七千公尺不可想像
　　的冰原。崑崙山上祈連山下峨眉金頂，那裡有人類的夢，民族的足
　　跡，天才豪傑的高歌凝結裊繞；而我，臺灣土生土長的漢子，誰能
　　捉摸這份山蒼蒼雪茫茫黃土古道西風殘照的渴望癡戀？常繫於夢幻
　　的一撮不完整的構圖。胡馬依北風越鳥巢南枝吧。歷史的痛苦感情
　　吧。候鳥的不可已的故土神奇牽引吧。啊——〔註102〕

此篇作品發表於一九六五年，是早期的創作，此時期的他在學校教國文，仍可
看到早期的作者書寫受到中國古典詩詞的陶養的痕跡，而作品幾乎是最熟悉的
故鄉「蕃仔林」，一個充滿悲情記憶的地方，作者的蕃仔林的人物，他們是一群
最苦難的人，李喬在他們身上看到人最真實的存在，但是此篇〈鱒魚〉在此時
出現是特別的，「那時他徘徊在『存在』，也還徘徊在『認同』的迷途上」，「但
是，很快地，他踩到了臺灣的土地。這是覺醒的速度」〔註103〕，因為在一九七

〔註100〕葉石濤：《台灣文學的困境》（高雄：派色文化，1992 年 7 月），頁 29～30。
〔註101〕李喬：〈鱒魚〉，《李喬短篇小說全集》第 2 卷（苗栗：苗栗縣立文化基金會，
　　　　　中華民國 89 年 1 月），頁 93～101。
〔註102〕李喬：〈鱒魚〉，《李喬短篇小說全集》第 2 卷（苗栗：苗栗縣立文化基金會，
　　　　　中華民國 89 年 1 月），頁 94～95。
〔註103〕鄭清文：〈從李喬小說談如何建立臺灣文學〉《李喬的文學與文化論述：第五

七年的《寒夜》裡，看到了追尋故鄉的鱒魚，有了明確的可歸之鄉：

> 就這樣，這部書是想藉著蕃仔林窮僻山野中的一群「鱒魚」，描繪生
> 命的姿彩，揭示奇妙的歷程；通過層層的苦難，跋涉迢遠的追尋，
> 然後呈現生命的面目。筆者為自己而寫，當然也為我愛的萬有而寫
> 的。〔註104〕

這裡的鱒魚，寫的是臺灣移民的心境，是找尋歸鄉之路，也是找尋自我認同
之路。而以鄉土文學出發就是認同自己的一種方式，對於身分的認同追尋，
是為了一種更寬廣的人道關懷，也就是由自身的個體出發，擴大到對於臺灣
這一塊土地的關懷。

二、土地認同意識的建構

在李喬的作品中，書寫著強烈的土地認同概念，是長期文學思考的歸納。
李喬根據美國作家阿力克斯・哈雷（Haley Alex，1921～1992）所寫的一本描
寫美國黑人追逐尋根的書《根》（Roots）一書而得的概念，將「土地」的概念
分成七種：

> 一、普通認知的物理上的「土地」。
>
> 二、出生的故鄉：是生命落地的地方，也就是客家人所說的「包衣
> 跡」，是生命安頓的地方。
>
> 三、感情依歸的故鄉：是人心目中最期待生活的地方。
>
> 四、是實際生活的基地：大部分人出生的地方，和實際工作的地方
> 不完全一致，實際生活的地方住久了，久居他鄉亦故鄉。
>
> 五、是傳統文化的鄉土：比感情依歸的鄉土更廣闊，是文明人精神
> 世界裡的文化依歸。
>
> 六、是行政劃分、社區所在地的那個地方。
>
> 七、生命的歸宿處。例如鄭南榕將生命賭在「他是臺灣人」的意念
> 上，作為他生命歸宿處。〔註105〕

屆臺灣文化國際學術研討會論文集》（臺北市：國立臺灣師範大學臺灣文化及
語言研究所，2007年12月），頁28。

〔註104〕李喬：《寒夜三部曲——寒夜》序（臺北市：遠景出版社，2001年7月六版），
頁2。

〔註105〕李喬：〈文學與土地〉《李喬文學文化論集（一）》（苗栗市：苗栗縣政府國際
文化觀光局，2007年10月），頁221～224。

二十世紀的七○、八○年代可以說是人類尋根的年代。而這裡所指向的「根」，不只是指向創生的原鄉，更是指目前安定生活所在，也是指生命與土地的相互結合所帶來的安定感，人間充滿苦難與衝突，然而只要認同當下生活所在的地方，苦難會有所減輕。所以，「土地」對人而言，可以同時具有多重的義意存在，自然的大地是安身立命的故鄉；人出生地所在，是每個個體的故鄉所在，是「包衣跡」；而感情的依歸，可能是離開出生地的故鄉之後，生活安定的社區依歸；形而上的精神、心靈依歸，是與自身生命相互結合所在，「不須千里跋涉當下就行」〔註106〕；論者鄭清文也說：「沒有土地，哪有文學。土地是所有物種的母體」〔註107〕。

　　人因為擁有對於土地的佔有權，進而產生對於這塊土地獨立自主的主體認同感，在李喬的作品中，土地不僅是單純賴以生活的地方，土地在其作品中變形成泥土、大地、母親、生命（子嗣）、故鄉等等意象，也是李喬建構主體認同觀念最重要的意象之一，土地貫串李喬地寫作主軸，也是他所認為建構自我意識與臺灣主體的重要意象，是一種自然的發自內心的，「是人生命內在的東西」：

> 領會、領悟人與土地的愛恨喜悲、土地與生命的連結、生命土地的
> 究竟——由寫作而萌生、形成、成型的過程，貫串了我的文學生涯
> 的全程，也是一生思行的總結論。也據於此，形成我的臺灣人意識、
> 臺灣意識；也正是追求臺灣自主前途的底基（Substratum）所在。
> 〔註108〕

生命與土地連結，而一地的文化是賴土地得以建立，李喬的作品中，許多的生命的苦難與產生抵抗的過程，皆跟土地有關。從早期關於蕃仔林的書寫，是苦難人事的縮影，是「李喬追憶自己童年悲苦和悲憫生靈劫難的總和」〔註109〕：

〔註106〕李喬：《我的心靈簡史——文化台獨筆記》（台北縣：望春風文化事業股份有限公司，2010年12月），頁240。

〔註107〕鄭清文〈從李喬小說談如何建立臺灣文學〉《李喬的文學與文化論述：第五屆臺灣文化國際學術研討會論文集》（臺北市：國立臺灣師範大學臺灣文化及語言研究所，2007年12月），頁29。

〔註108〕李喬：《我的心靈簡史——文化台獨筆記》（台北縣：望春風文化事業股份有限公司，2010年12月），頁61。

〔註109〕彭瑞金〈悲苦大地泉甘土香——李喬的蕃仔林故事〉，許素蘭編《認識李喬》（苗栗：苗栗縣立文化中心，1993），頁54。

> 大地之母對於李喬並不只是鄉土熱流中所謂的戀愛情深或精神的休
> 憩處所，而是透過受大地所孕育的蒼生直追人存在的莊嚴本題，揚
> 棄自無可能，因之從『蕃仔林』中所得的悲苦大地影像移植到現世
> 人生中，人生悲苦的結論仍一，不管人如何支離扭曲、變形、悲苦
> 的事實仍一。〔註110〕

大地是人存在的根本，可以從土地得到賴以維生的糧食，有了土地可以安身
立命，這是實質的土地帶給我們生活上不可或缺性，對於失去土地的痛苦，〈苦
水坑〉一文中寫道：

> 我跑到村東一看：村右的石堤完全不見，滾滾的濁流，正好從我那
> 塊細長的田上通過──二甲多的水田完全成了河床。我兩腳一軟，
> 不覺癱瘓在地上。
>
> 這時，小梅十六歲，家興和家華是十四歲、十三歲，家棟、家樑是
> 孿生八歲；我已四十。除了種田，什麼都不在行。
>
> 能做什麼呢？一個中年的莊稼漢。突然失去生活的依憑，帶著一群
> 妻兒。
>
> 「阿強！我們怎麼辦呢？」
>
> 妻的聲音有些沙啞，姣好的臉，竟顯得這麼蒼老，三十多歲的少婦，
> 這時好像突然老了十年。〔註111〕

〈苦水坑〉一文描寫失去土地的「我」，家人因此生活陷入困境，「我」只好
與同年陳旺三一起做辛苦又危險的挖炭工作，好不容易因為在自己努力工作
之下，家裡妻兒的生活漸漸穩定，沒想到此時同年陳旺三卻在礦坑發生意外，
「我」因為對他心存感謝之情，便叫自己妻子幫忙照顧光棍的他，沒想到因
為這樣卻導致妻子跟陳旺三私奔，土地對人的重要性，在作者早期的短篇小
說已可看出端倪。

其實對於「臺灣土地」意義的思索過程，就是《寒夜》這本書形成的過
程，作者從同是居住在臺灣的不同族群來思考土地的重要性，雖然不同族群
有不同的生活方式、文化觀念，但是對於「臺灣土地」的情感應該是一樣的，
它是居住在此的所有人「共同」賴以生存的土地，這也是李喬所呈現的「土

〔註110〕彭瑞金〈悲苦大地泉甘土香──李喬的蕃仔林故事〉，許素蘭編《認識李喬》
　　　　（苗栗：苗栗縣立文化中心，1993），頁54。
〔註111〕李喬：〈苦水坑〉，《李喬短篇小說全集》第1卷（苗栗：苗栗縣立文化基金會，
　　　　中華民國89年1月），頁97。

地觀」，是一種打破各個族群的不同，持著相同的「土地認同」的立場：

> 客家人在閩南語來講是指流浪的人，流浪的窮困，居無定所，所以
> 早期的客家人很多人做長工，長期被雇用當人家的工人，這一直是
> 這種型態。……我讀了一個臺灣銀行臺灣經濟研究所發行的早期臺
> 灣的土地狀況，共有一百本。了解了原住民的土地觀，他們和漢人
> 不一樣，那時候我寫原住民和臺灣人的衝突並不是憑空想像。我思
> 考原住民的土地觀，還有漢人如何奪取土地。有一件很重要我要處
> 理的，就是土地對臺灣人所帶來的痛苦，希望和期待。〔註112〕

作者體會了土地是賴以生存的唯一，土地帶來希望也帶來痛苦，「我們長工最能
體會到土地帶來的痛苦，沒有土地，就沒有錢，就得過著貧困的日子。我藉著
描寫大自然毀掉了你的土地時你要怎麼辦，來處理臺灣人對土地的那種情感」：

> 事實上，現在遷居蕃仔林，時機並不適當。……然而，彭阿強一家，
> 有不得不趕緊冒險硬闖的苦衷：今年四月，臺灣全島發生大水災；
> 苗栗、隘寮腳一帶，開墾二十年以上的水田，十分之七八都給沖失
> 了。善慶伯原先的二十多甲水田，一夜之間化為新河牀；三代幾十
> 年的血汗成果，全付給了不可抗拒的天災。……另一方面，一直當
> 長工下去，也實在沒根跡著落。〔註113〕

這是人與土地之間的情感，是對於土地的認同感。作者以自己的祖先開墾的
經過，透過以「流浪的客家人」來凸顯土地對人的重要性，也寫出不管是什
麼族群，應該對臺灣這塊土地有同一的認同感，齊心的愛護大家腳下所踩的
土地。

　　《寒夜》一書的寫作背景設定於臺灣陷日前後，在進行對臺灣的改造與
控制的過程中，人民的生活受到前所未有的衝擊與干預，「然而由此產生的歷
史辯證關係有二：一是『臺灣意識』的萌芽與發展，二是臺灣概念『一體化』
的完成，兩者醞釀著全臺灣主體性的初步雛型」〔註114〕。日治時期是臺灣非
常特殊的的一段歷史過程，雖然統治者與主權並非為臺灣人所有，但經過的

〔註112〕李喬、周婉窈、三木直大、黃華昌；阮文雅紀錄：〈縱談《寒夜》的歷史與文
學〉《文學臺灣》第 61 期，2007 年 1 月，頁 250。

〔註113〕李喬：《寒夜三部曲——寒夜》（臺北市：遠景出版，2001 年 7 月，六版），
頁 15。

〔註114〕李永熾等編撰：《台灣主體性的建構》（台北縣：群策李登輝學校，2004 年），
頁 50。

這一段時間仍是臺灣歷史的一部分，是無法分割的，《寒夜》以臺灣人民在一八九五年陷日前後為書寫背景，故事主軸是「一群農民拓土開山的種種。土地是人的根本依靠，而土地也是痛苦的淵源」〔註115〕，作者在《寒夜三部曲》中的土地意象已經提升到與自身的生命觀和歷史觀結合的抽象思維，土地不再單純的只有人民賴以維生的實質功用：

> 這本書名為「寒夜三部曲」，實際上稱作「母親的故事」也無不可。
> 不過這裏所指的母親，不祇是生我肉身的女人而已。
> 筆者認為萬物是一體的。而大地，母親，生命（子嗣）三者正形成了存在界連環無間的象徵。往下看：母親是生命的源頭，而大地是母親的本然；往上看：母親是大地的化身，而生命是母親的再生。生命行程，不全是人意志內的事；個人在根本上，還是宇宙運行的一部分，所以春花秋月，生老病死，都是大道的演化，生命充滿了無奈，但也十分莊嚴悠遠。人有時是那樣孤絕寂寞，但深入看，人還是在濡沫相依中的。〔註116〕

從一九八一的《寒夜三部曲》以臺灣人的歷史與人們，寫「大地」、「母親」、「生命」三者的密不可分，大地是母親與生命的化身，到一九九二年的《臺灣文化造型》一書中，可以看到作者對於這樣的觀念更加內化的想法，更著重在臺灣這塊土地上，更加具體的觀點描寫：

> 人類生命的行程，基本上和植物是一樣的；植物開花結果後，那成熟的果種，一定要各自著地——以水分、養分、陽光——發芽生根，形成新的植物體。人的生命藉父母結合而成形，但是誕生就是與父母割離成獨立的生命體；這個「我」必須安住於一方鄉土，而後成長、開展生命的姿彩。有一天你的「生命之樹」茁壯了，你可以把「枝葉」展開像海洋兩岸，越過太平之洋伸向美洲。但是你的生命的定點依然安位於臺灣。〔註117〕

土地為什麼重要，有了土地就會有根，有根就可以拋開孤兒意識，如果不再是孤兒，那身分會受到認同受到重視，在李喬的想法中，很早就已有對於土

〔註115〕李喬：《寒夜三部曲——寒夜》書前序（台北縣：遠景出版事業有限公司，2001年7月六版），頁1。

〔註116〕李喬：《寒夜三部曲——寒夜》書前序（台北縣：遠景出版事業有限公司，2001年7月六版），頁2。

〔註117〕李喬：《台灣文化造型》（台北市：前衛出版社，1992年），頁270。

地觀念的重視，一九八二年接受作家廖偉竣（宋澤萊）先生的訪問就曾提到：

> 我從來不覺得我是孤兒。我有安身立命的大地，怎麼會是孤兒呢？
> 當然啦，社會文化的背景造成了一個人的世界觀；我自始至終的覺得，你既然生長在一個地方，就該好好的愛這地方，有什麼孤兒可言呢？你愛這地方，這地方就是你的母親。〔註118〕

《寒夜》一文中，李喬寫出人因為與土地親近，強調人存活著的真實感，以人與泥土意象接觸的行為中，將泥土與生命之間的關係連結，而人依憑土地而呈現的存活感，將作者對於「大地，母親，生命（子嗣）三者」的意念，實踐於小說文本中，在一個下過狂烈「風時雨」的午後，彭家三兒子人興獨自留下來檢視山洪的情況，出神的想著自己與大地之間的關係：

> 下午，一陣狂烈的「風時雨」來襲；因為連續半時辰，山溪猛漲，山洪就泛濫到比較低窪的新墾地。
> 今天不能再趕工了，大家淋著雨提早回去，人興留下來監視山洪的情況。
> 大概是未申交接時刻，「風時雨」突然停歇；洗後的草木山野，在日頭下閃著濕濕的翠綠光芒，空氣裏飄著淺綠淡藍的氤氳。
> 那薄薄暑熱，統統沖刷清淨了。
> 人興悠然躺在潮濕得近乎泥濘的斜坡草地上。
> 他原先就脫掉淋濕的衣衫的；一網涼涼帶些許癢癢的感覺，由赤裸的背板傳過來。
> 他突然覺得自己的肉身完全和背板下的大地合而為一；自己是大地的一部分，自己也是草木中的一棵；他找不到自己的形象，甚至於組成「阿興」那一團感覺，也由渾沌而融溶而消失。〔註119〕

人興出神的感受著與大地之間的「合而為一」，這樣的感受讓人興想到愛人「阿枝」，由似在夢中的情境轉到現實，人興與阿枝欲親熱的情節，與人興之前意外撞見大哥人傑與大嫂良妹的親密行為相互呼應，作者刻意安排土地與情欲

〔註118〕廖偉竣〈走出「寒夜」的作家——李喬訪問記〉，許素蘭編《認識李喬》（苗栗：苗栗縣立文化中心，1993），頁15。
〔註119〕李喬：《寒夜三部曲——1.寒夜》，（台北縣：遠景出版事業有限公司，2001年7月六版），頁179。

之間的聚焦，主要是要反映出土地和生命（子嗣）之間的關係，表達「人類由母親和父親結合而來」〔註120〕的意念，以情欲代表延續生命的方式，也是寫出地與生命新生的結合。

　　《寒夜》、《荒村》到《孤燈》是以土地為主軸的書寫。可以看到作者對於「土地」的意象漸漸深化的過程，從個人自身賴以為生的土地出發，到以腳下所踩的土地為主體的國家意象，李喬筆下的臺灣土地，和朝代統治制度沒有這麼直接的關係，作者所寫的，是比統治者和制度更深層的東西，就是臺灣人對於自己土地的人認同感。《荒村》透過文化協會和農民組合為背景時代，主要重點在農民組合，其中作者要談的還是土地問題；在最後的《孤燈》中，土地意象變成具體與抽象凝結的象徵，「土地的力量就慢慢的形成土地的觀念，慢慢具體起來」〔註121〕，《孤燈》寫的是透過戰爭，臺灣人不得不離開臺灣，在異鄉的臺灣人，就像是遠古時期的「高山鱒」，在苦難之後追尋的仍是生命的原鄉：

> 我訪談到最震撼的有一段，是呂宋島的死亡行軍，夜裡發現所有人都面向北方，這段經驗，是一位從戰地回來的苗栗人告訴我的，搭輸送船同行的有六百五十個人，回來只有四個。〔註122〕

此段訪談在《孤燈》中的書寫，作者更清楚的表達人對於故鄉／土地的依戀：

> 明基睜大眼睛，集中意識能力，仔細端詳……
>
> 喔，不是夢。是實境哩。而且眼前的景象和入夢前有一樁是絕對不同的。
>
> 現在，二十幾個難友，都面朝同一個方向寂然靜坐著。
>
> 這些人，睡著了？或清醒著？或進入混沌茫然狀態中？這都不奇怪。
>
> 奇異的是，他們，所有的難友，包括明基他自己，還有那個三腳仔。
>
> 他們，現在，都面朝北方，默默朝向故鄉臺灣的方向……
>
> 「嗯，鱒魚……」明基不覺幽幽地，無淚地哭起來。他又記起了生

〔註120〕盧翁美珍：《李喬《寒夜三部曲》人物研究》，國立彰化師範大學國文學系碩論，2004年，頁268。

〔註121〕李喬、周婉窈、三木直大、黃華昌；阮文雅紀錄：〈縱談《寒夜》的歷史與文學〉《文學臺灣》第61期，2007年1月，頁250。

〔註122〕李喬、周婉窈、三木直大、黃華昌；阮文雅紀錄：〈縱談《寒夜》的歷史與文學〉《文學臺灣》第61期，2007年1月，頁236。

物教師對於鱒魚的形容敘述。〔註123〕
所有的難友，包括明基自己和「三腳仔」同時向鱒魚返鄉一樣面朝向故鄉的方向，這就是突破族群對立關係產生的的認同意識，這個意識的依歸就是「土地」，這也是李喬創作最重要的觀念之一。

　　〈飄然曠野〉是作者李喬的真情告白，「我跟〈飄〉作中的薇薇在一九六三年九月結婚，家母於十一月間得知罹患肝癌。六四年四月過世。所以『兩人約會與守候母親的衝突』是小說的虛構；『我』同時面對新婚嬌妻美顏與病革老母枯容，這是實景實情」〔註124〕。〈飄〉全文以當時相當流行的「意識流」形式進行的短篇小說。內容描寫的是一種面對天命的無奈，一場不是或不應該是的衝突，文中第一人稱的「我」與「薇薇」是熱戀中的男女朋友，而且即將步入禮堂，但是「我」的母親因為得了絕症已經臥床一段時間，隨時可能會過世，「薇薇」要求「我」在當天晚上要討論結婚的細節，但「我」內心對於母親隨時會死去一事相當害怕與恐懼。全文講得就是這種面對即將是去親情的痛苦。母親形象與文學中的「母親」形象如何相互扣連，作者在回憶自己作品〈飄然曠野〉時提到：

　　　　這是四十年前母親離開的第二年，兒子我在〈飄然曠野〉一作裡的
　　　　哀告。母親，您一定聽到，而且以無言的方式指示兒子「往哪裡走」，
　　　　哪裡有母親的馨欬音容留痕，還有淡淡體香。
　　　　我回到埋我「胞衣」的「胞衣跡」——蕃仔林；我讓沾滿我童年笑
　　　　痕淚痕的山川草木人物，一一變成文字傳布於世，而母親也再臨人
　　　　間。〔註125〕

李喬這裏所說「再臨人間」是真的，只是以文學的方式再現，對於在充滿仇視環境長大的李喬，不至於變成扭曲、偏激、冷漠的人，是因為「墊在腳掌下的深厚母愛」，這樣的母親形象，李喬將以何種方式讓她「再臨」，那個文學中的人物就是貫穿《寒夜三部曲》的「葉燈妹」：

　　　　我終於鼓起最大勇氣，搬出母親家族三代的歷史，由母親擔當縱橫

〔註123〕李喬：《寒夜三部曲——孤燈》（臺北市：遠景出版社，2001 年 7 月六版），
　　　　頁 419。
〔註124〕李喬：《重逢——夢裡的人：李喬短篇小說後傳》（新北市：INK 印刻出版，
　　　　2005 年 4 月），頁 296。
〔註125〕李喬：《重逢——夢裡的人：李喬短篇小說後傳》（新北市：INK 印刻出版，
　　　　2005 年 4 月），頁 298～299。

五十年臺灣當代史的主角。我知道要母親再臨，祇有讓那個時代再現，才有可能，於是一百萬字的《寒夜三部曲》問世，母親以「花囤女──葉燈妹」身分出現，不但跟兒孫重逢，也將活在世代後人心中。

葉燈妹重現母親的一生，幼時棄兒，少年養女，青春在貧苦無依中養育女，山中棄婦，耗盡心血至於子女成立，戰亂窮山絕地中，卻成爲山村心靈託付的「赤腳菩薩」。帶村民出恐懼，重見天日時，悠然大去……〔註 126〕

「母親」是受傷心靈的庇護所，也是安定的力量來源，人的根本上，對於母性的渴望是與生俱來的，「葉燈妹」角色的形塑，其意涵已遠遠超過那個「生我軀體的媽媽」〔註 127〕了。論者楊翠對葉燈妹的「赤腳菩薩」形象，有宗教意識上解讀：

燈妹的善良母神形象，是人間肉身菩薩的形象，她仍有著「我執」，執著於對子女兒孫的依戀、不捨、不忍，她的脫出，是在現世中完成自我生命的堅持，以及守護蕃仔林的子孫。〔註 128〕

而燈妹的死，亦是充滿著宗教氛圍：「百花叢裏過，片葉不沾身；昨天夜裏當觀音大士裊婷轉身的瞬間，她嗅到一陣似曾相似的微香；她立刻就悟出這兩句話。於是她合十恭送……」。〔註 129〕

《寒夜》裡一段描寫燈妹洗腳的情節，亦顯現土地（泥土）與人之間的關係：

有一天晚上，上床之前，她特地燒一鍋熱水燙腳。讓雙腳浸在溫熱的水裏，有一種美夢中那樣安詳而舒放的感覺。

她提起一隻腳掌，輕輕揉著。嘻嘻，好多污垢。

〔註 126〕李喬：《重逢──夢裡的人：李喬短篇小説後傳》（新北市：INK 印刻出版，2005 年 4 月），頁 299。

〔註 127〕李喬：〈評介《賽跑》〉《臺灣文學造型》（高雄市：派色文化出版，1992 年 7 月），頁 37。

〔註 128〕楊翠：〈「大地母親」的多重性──論李喬《寒夜三部曲》、《情天無恨》、《藍彩霞的春天》中的女性塑像〉，《李喬的文學與文化論述：第五屆台灣文化國際學術研討會論文集》（臺北市：國立臺灣師範大學臺灣文化及語言文學研究所，2007 年 12 月），頁 623。

〔註 129〕李喬：《寒夜三部曲──孤燈》（臺北市：遠景出版，2001 年 7 月六版），頁 496。

> 她專心地揉拭污垢。奇怪的是，那些污垢好像永遠擦不完；它總是
> 不斷脫落下來。「啊……」她有些驚慌，還有些奇異的感動。
>
> 這樣揉擦下去，也許全身都會變成污垢脫落掉光。……有點心疼，
> 有點不安。但是也有點朦朧的愉悅；這也就是生命吧？生命來自泥
> 土，但生命不是泥土，而生命畢竟還是泥土。不是泥土，所以能夠
> 自由活潑，但也多麼孤單；是泥土，所以最是卑下，但也多麼穩實
> 安詳……。〔註130〕

燈妹洗著自己的腳，腳上沾滿泥土，引出泥土與生命的關係，而燈妹的形象正是作者所塑造的「大地之母」〔註131〕的形象。作者曾自言關於這一段文字的意涵：「燈妹泡腳那段，已隱藏著人和土地關係的象徵，那段洗腳洗得非常形而上。另外，光對母親的懷念是不夠的，母親只是一個女人，也是不夠的」〔註132〕。土地除了是人賴以維生的依靠，作者更是將人與土地之間的關係，昇華到哲學抽象的人與自然的融合，人、大地、生命成為天地運行的基本之道。

另外，在一段阿漢與燈妹的對話裡，作者更點出了人與土地之間的相互依存的緊密關係：「人，本來就是泥土做的嘛。」阿漢說得十分肯定：「人，是土做的，所以人離不開泥土，愛泥土，依賴泥土，沒有泥土就不能過活，人總是為了泥土拚命，將來人還不是都要回到泥土裏去」〔註133〕亦是將母親和土地意象扣連。

《荒村》中一群人在為土地爭執，被抓到官府問話，一位婦人當場把乳房掏出來餵小孩：

> 在預審中，有一位四十二歲的婦人古葉氏錫。古葉氏錫抱著抱著未
> 滿週歲的小男嬰，迷惘又惶恐地不斷四面張望，好像要尋找訴說的
> 對象或者什麼救星的出現。在判官正要問話時，小男嬰哭了，他羞赧
> 地，但也無懼地打開胸扣，掏出乳房，給她心肝寶貝餵奶……〔註134〕

〔註130〕李喬：《寒夜三部曲——寒夜》（台北縣：遠景出版社，2001年7月六版），
頁401。

〔註131〕盧翁美珍：《李喬《寒夜三部曲》人物研究》，（國立彰化師範大學國文學系碩
論，2004年），頁277。

〔註132〕同上註，頁261。

〔註133〕李喬：《寒夜三部曲——寒夜》（台北縣：遠景出版社，2001年7月六版），
頁402～403。

〔註134〕李喬：《寒夜三部曲——寒夜》（台北縣：遠景出版事業有限公司，2001年7
月六版），頁355。

這是一個爲人母者無所畏懼的圖像，李喬心中的母親正和他對鄉土概念中悲
苦大眾於大地之母的情懷一樣，雖然是千瘡百孔，雖然是羸弱貧乏，但卻是
生命滋養的源頭。

〈泰姆山記〉寫於 1984 年，是一篇「揉合歷史與神話的象徵小說」。內
容主要敘寫主角余石基因涉入一九五〇年代初期的事件，被相關單位的情治
人員追捕、逃亡的故事。是一篇「主題深沉但很簡明」的短篇，其中部分情
節影射日治時期作家呂赫若的生平事蹟，在余石基逃亡的過程中，受到一位
原住民名叫「瓦勇」的指引，向深山走去，尋找所謂的「臺員心臟」──就
是「泰姆山」，希望余石基可以得到「泰姆山」的庇護而順利逃脫情治人員的
追捕；「瓦勇」是余石基親近「臺員心臟」的引導者，內容特別之處將「泰姆
山」擬人化了，是一座「會走動的山」，如果不是眞心對「它」尊敬的人，是
無法找到「它」的：

> 現在開始是獨行單闖了。前面就是直插天際的玉山。原來玉山山麓
> 還有一些部落，而且小徑交錯，和想像中的完全不一樣。
> 最興奮的是，「玉山口」部落那裡，老人們居然個個言之鑿鑿，堅信
> 玉山之東北「一帶」，確實有一座「會走動的山」──泰姆山。這些
> 老人不但都表示去過，而且能指出明確的路徑。
> 「同年：不是說，泰姆山會走動嗎？又哪能死死指定怎麼走？」他
> 找到漏洞。
> 「老鼠才這樣說。」老人不高興了：「你那樣走，找不到，是泰姆山
> 不要你；找到，就是歡迎你。知道嗎？」
> 「不愛山的，不是有大事，單想去玩的，一定找不到。」
> 現在，他開始發覺，自己是眞正有信心了。他愛泰姆山，他需要，
> 他必須靠泰姆山來維護。可是，老人另一句話，卻令他心寒：
> 「我們看過那山，很恭敬爬上去。爬上去一點點，我們敬畏那山，
> 我們不敢一直爬上去。」
> 「不尊敬，一直爬上去，就得死──泰姆山的守護醋因，會殺死壞
> 人。」另一人提醒他。
> 「泰姆山的守護，蛇，毒蛇，對不對？」瓦勇說過的。
> 「知道就好！」這句話充滿警告意味。〔註135〕

〔註135〕李喬：〈泰姆山記〉，收入《李喬短篇小說全集》第九卷（苗栗：苗栗縣立文

以「『泰姆山』，在玉山之東，『霧山』之北，接近東山『一帶』」〔註136〕的地理位置，可以想見作者以「玉山」爲主要的中心位置引出「泰姆山」這個主角心中的精神歸宿，因爲「玉山」在臺灣人心中占有特別的地理象徵〔註137〕，或許因爲「玉山」在李喬心中，是臺灣人的「相思之地」，所以文中主角以「相思樹種籽」當作生命藉以回歸大地的憑藉，「愛可化解仇讎，而認同土地、與大地合一是美麗的途徑」〔註138〕：

> 然後以左手拿起裝相思樹種籽的灰色布袋，借牙齒幫忙解開結頭，
> 然後把種籽一把一把灑在身子周圍；他還灑兩把在那個屍體附近，
> 其中十幾粒還掉在臉上，胸腹上。
> 當雨水來的時候，有些種籽會發芽。
> 當春天來的時候，這裡是一片相思樹苗了。
> 當我的呼吸停止，就是我回到大地的時候；我的軀體與大地合爲一
> 體，我將隨著春天的樹苗，重臨人間。
> 誰說我死了，我只是暫時不在而已。生命哪是那樣簡單，那樣脆弱？
> 不是的。懂嗎？我告訴你……
> 他想。
> 日頭昇到眉緣上面。他躺下，安息了。〔註139〕

將自身有限的生命軀體獻給象徵永恆的土地，以似宗教獻身儀式的書寫，呈現人與土地之間的緊密關係，正是作者所言「萬物是一體的」〔註140〕概念，延續「大地、母親、生命（子嗣）三者正形成了存在界連環無間的象徵」〔註141〕。

化基金會，中華民國 89 年 1 月）頁 249～250。

〔註136〕《李喬短篇小說全集》第九卷，頁 243。

〔註137〕作者曾在文章中提及關於台灣人對「玉山」的特殊情感：「臺灣人的相思地：玉山。玉山是台灣第一高山，位於本島中央偏南，標高三九九七公尺，景色壯麗，聖潔崇高，是島內人民的精神指標，是海外台人夢迴相思之地。」引自於李喬：《台灣文化造型》（台北市：前衛出版社，1992 年），頁 105。

〔註138〕李喬、許素蘭、劉慧眞主編：《客家文學精選集：小說卷》書前序（台北市：天下遠見出版，2004 年 4 月），頁 8。

〔註139〕李喬：〈泰姆山記〉《李喬短篇小說全集》第九卷（苗栗：苗栗縣立文化基金會，中華民國 89 年 1 月）頁 269～270。

〔註140〕李喬：《寒夜三部曲——寒夜》書前序（台北縣：遠景出版事業有限公司，2001年 7 月六版），頁 2。

〔註141〕李喬：《寒夜三部曲——寒夜》書前序（台北縣：遠景出版事業有限公司，2001

作者在文中表達了人經由誠懇對待土地的心，到尊敬土地，進而由土地找到讓恐懼的身心得到平靜的力量，關於土地的描寫，在人與土地的關係上，作了更深一層意涵的表達，是一篇「闡釋神秘的大地之愛的作品」〔註142〕。

> 「對故鄉的情感是人類共通的經驗」、「故鄉土地會有神秘的呼喚力量，是因爲生命在那出生，諭示生命和土地（即 Nature），合一是生命本能。就文化層次言，就是『生命定點安住於土地，與土地結合——是『認同』的本能力量。』〔註143〕

從早期短篇小說中寫的實質土地意象，接著以土地與臺灣人的生命和臺灣的歷史結合，再到人對土地是故鄉的共同情感，這是人類對於土地認同的基本本能，有了相同的認同意識，才有建立獨立自主性的可能。

二○一○出版的長篇小說《咒之環》，是作者自稱爲人生最後一部長篇創作的作品，作者以「『我』是什麼？『我』是誰？」是人之所以成爲人的最重要的根本——「我是什麼人」出發，何以現今的臺灣人在於思想上如此的沒有向心力呢？何以在對於臺灣的認同意識有所分歧？他試圖回到臺灣歷史的源頭，去找尋他思考多年尋覓多年的人生解答，李喬曾自言：「人的一生中，一定有些陰影或是負面的東西跟著，只有當你願意排除恐懼來面對時，陰影才會消失；所以不管是面對缺點或是羞辱，只要願意面對就沒事了。這幾年來我一直想：臺灣人是被詛咒的民族，要怎樣從被詛咒裡面解脫，是我在未來的小說中所要探討的」〔註144〕。《咒之環》從二○○七年動筆，到二○一○年才完成，是作者醞釀許久的作品，結合文學與文化，可以說是對於臺灣社會思考的總結，全文共分上下兩篇，上篇是「咒之淵藪」，主要記述一八二○年埔里屠殺事件，一七二九年大甲「割地換水」恨事，以及一八六○年西螺三姓大械鬥等事件，下篇寫「紅衫軍之亂」與「性徵崇拜」等事，下篇二描寫主角林海山返鄉種野菜，以表達終極的愛。作者自言：

> 《咒之環》是我醞釀沉澱十多年的長篇題材：臺灣人、一群受詛咒

年 7 月六版），頁 2。

〔註142〕李喬：〈小說之外——代序〉《臺灣文學造型》（高雄市：派色文化，1992 年），頁 4。

〔註143〕盧翁美珍：《李喬《寒夜三部曲》人物研究》，國立彰化師範大學國文學系碩論，2004 年，頁 268。

〔註144〕邱麗文：〈李喬心中的「寒夜」，始終不曾過去？〉《源》第 41 期，2002 年 9/10 月，頁 47。

的族類。描述其從「詛咒魔環」中脫出重生重生的歷程。〔註145〕
書寫根源來自「臺灣人不團結」，以臺灣共同經歷過的歷史為主，試圖喚醒臺灣人共同的記憶，根是在一起的，應該要團結，關於《咒之環》一書的命題，李喬曾經自剖說道：

> 《咒之環》，環就是把人困起來，我們如何從被詛咒當中解脫出來？平埔族人巫術最厲害的是「巴哲海族」，向著所有人下詛咒說：臺灣這些居民不管你什麼族群，你們就是有罪啊，你搶我的土地，汙染我的土地，你滅我的血脈，所以你永遠不得超生，永遠會被人家統治，永遠不會反抗。〔註146〕

《咒之環》下篇之二中，主角林海山經歷一連串的挫折之後，心灰意冷的從「魔都」臺北回到故鄉，回歸故鄉的林海山不僅是表達「回家」這樣的意象，更是象徵回歸「母土」的懷抱當中，對作者而言，土地有一種招喚人們回歸到大地懷抱的母性，「大地、母親、生命三者是存在界連環無間的象徵。母親是生命的源頭，而大地是母親的本體；母親正是大地的化身，而生命是母親的再生。」〔註147〕歸鄉的林海山，下定決心當一個種植野荼的自耕農，野荼有著一種未被馴服的意義，有著一種本土性的象徵，它們的生存型態，是在不被外在環境影響之下生長，有著鮮明的在地標誌。

對李喬而言，土地既是生命本源與母性的象徵，且具有不可思議的力量，「它極可能成為一個人一生在人群社會、異國他鄉活動，以及面對困境絕望時力量的來源」〔註148〕，可見土地意象在作者心中占有相當的價值與地位。也因此，對於主角林海山的安排，在經歷上篇中的許多事件之後，作者讓林海山歸鄉，重新開始自己的人生，書中寫道：「故鄉我的故鄉，不能衹是落魄失志人的庇護所、聖殿，而是再生母土、反抗、及攻戰鬥基地。」〔註149〕土地無疑是臺灣人建構主體性的憑藉與籌碼。

李喬作品中書寫的土地，隱含對於自我身分的追尋，自我身分的追尋是

〔註145〕李喬：《咒之環》（台北縣：INK 印刻文學，2010 年 7 月），頁 351。
〔註146〕〈戲謔的笑顏，沉重的生命——觀點、後設的重構〉收錄於《想像的壯遊——十場台灣當代小說的心靈饗宴 2：國立台灣文學館·第四季週末文學對談》（台南市：國立台灣文學館，2007 年 12 月初版一刷），頁 235。
〔註147〕李喬：《台灣文化造型》（台北：前衛出版社，1992 年），頁 26。
〔註148〕李喬：〈夢境與希望的構圖〉《藝術家》，48：6=289，1999 年 6 月，頁 537。
〔註149〕李喬：《咒之環》（台北縣：INK 印刻文學，2010 年 7 月），頁 233。

對於臺灣歷史的尋根，以此定義族群的歸屬與認同。臺灣複雜殖民史所造成政權的多重擅變，是造成臺灣人對於歸屬認同困惑的主要來源，但李喬卻不認爲我們是「亞細亞孤兒」，因爲有腳下踩的這塊土地，「你愛這地方，這地方就是你的母親」〔註150〕。

臺灣人民的國家認同觀念始終受到統治者的有心操控，不論是日治時期日本殖民帝國所使用的威脅強迫利誘等手段，或是國民政府接收臺灣之後潛移默化的意識形態，臺灣人民一直未建立起屬於自己單一的國家認同感。李喬在深入田野調查之後驚覺，原來在書中看到的許多關於臺灣歷史的記載，與眞實發生的有所出入，這才明白統治者所寫的歷史包含虛僞不實的成份。所幸，臺灣經過本土化意識的覺醒，加上統治者所建立的國家神話的破滅，臺灣人民逐漸找到自己的身份認同，將自己的地位定位於臺灣這塊土地上，包含原住民、福佬人、客家人以及一九四五年之後來臺灣定居的中國各省籍的人的融合，其身分認同的問題乃可迎刃而解。人類依賴土地，人民有國家爲依靠才能生存，所以，人要認同自己的土地、國家、並且眞心愛自己站立的土地與國家，這是李喬一再呼籲一直以來深受霸權統治迫害的臺灣人民，應該以認同愛護的心，不再因爲不同身份產生對於國家主權認同差異而有紛爭。李喬的創作中，透過人物表達愛鄉愛土地的描寫，意圖打破臺灣分裂的政治神話，是他傳達建構臺灣主體性最重要的方式，他甚至呼籲臺灣的作家們，用文字來建構捍衛臺灣這塊土地的主體性〔註151〕。

李喬從個人的身分認同到社會群體意識的認同，進而對於國家成爲一個獨立主體的存在，然而其中重要的概念還包括臺灣人的文化認同（Cultural identity）觀念，是對於臺灣群體與文化的認同感，也指出個人受到所處的群體與文化的影響，進而對所屬群體或文化所產生的同感，「文化」是作者抽象思考的根柢，臺灣人能做的，是從文化理念切入，作爲一種民族的自我救贖，希冀從中喚起人民的覺醒進而行動：

> 在李喬的眼中，政治紅塵並非他的終極關懷，臺灣的斯土斯民，如
> 何迎向更大的時代風雨之挑戰，遠立族群平等，充滿公義社會的新

〔註150〕廖偉竣〈走出「寒夜」的作家——李喬訪問記〉，收錄於許素蘭主編《認識李喬》（苗栗縣：苗栗縣立文化中心，1993年），頁15。

〔註151〕李喬曾寫道：「願作家詩人創造的文學作品，成爲「台灣主體性」建構的主力之一。」李永熾等編撰：《台灣主體性的建構》，（台北縣：群策李登輝學校，2004年），頁79。

　　國家，或許才是這位文學作家的終極關懷。〔註152〕
而族群的平等與充滿公義的社會，勢必帶領臺灣邁向一個「有機的、互動的命運共同體」，而「有機的」就是在以文化爲前提之下，族群意識逐漸向上建構；「互動的」就是文化與人民之間是互爲主體性的關係，因爲文化是由人創造的，而人又勢必受到文化的影響，正如「國家」與「國民」之間也是一種「互爲主體性」的關係，是彼此尊重而非「主」「從」的關係，這樣國家與國民之間的認同才會齊一，這樣國家成爲人民安居樂業的園地，全體國民也以認同的這個國家爲精神上的依歸。這應是李喬長期著作書寫最深的體悟與期待吧。

〔註152〕陳銘城：〈期待平等公義的終極關懷〉，《李喬短篇小說全集》別冊（苗栗：苗栗縣立文化基金會，中華民國 89 年 1 月），頁 325。

第六章　創新求變的寫作技巧

　　創作題材豐富多元的李喬，在對於現實人生關懷傾注相當多的心血寫作之外，對於小說表現的書寫技巧，也是他畢生努力的目標之一，因此對於李喬作品的研究，除了對於主題與人文精神層面的闡釋之外，此亦為不可忽略的重點，本章擬從李喬一直相當關注的「敘事」書寫與最近著力最多的「後設理論」與「語言表現」相關寫作著手，在「敘事」書寫的方面，分成「敘事結構」與「敘事觀點」兩個方面進行討論；「後設理論」寫作方面，主要在於作品中，以後設書寫手法試圖彰顯或隱藏在其背後的作者真意，從第一篇出現出設手法的作品，與之後的後設書寫篇章前後的表現，這其中有了哪些改變，另外在討論的相互參應的理論觀照方面，以作家自己提出的理論界定為主要參考，以其他學者相關說法為輔，進行李喬作品中有關書寫的關注討論，希冀對其作品可以有更全面的關照。

　　李喬的小說作品非常重視形式的變化，其用力之深，可以說是同時期文壇中之最。曾經好幾次在演講或訪談中提到自己對於寫作技巧追求變化的「潔癖」：

> 我是一個對「形式」比較敏感的人。我試著寫個階層各方面的故事，
> 在形式與技巧上，盡量創用新的手法；我曾經約束自己：不許在連
> 續五篇短篇小說中出現兩篇類似的技法。〔註1〕

這是李喬在投入小說創作初期受訪時所言，這樣的自我期許，不斷的追求小說形式的變化，嚴格要求自己要和別人不同，也必須和以前的自己有所差異，

〔註1〕李喬：〈與我周旋寧作我〉《李喬短篇小說全集》資料彙編（苗栗：苗栗縣立文化基金會，中華民國89年1月），頁21。

從其中或許可以看出，自稱比別人晚踏入文壇的李喬，所反映出來的是內心中某種急迫走出自己風格，並被看見的焦慮感，但是在寫了這麼多作品之後，李喬所追求的「一個題材，一種手法」的寫作，也就是作者認爲，一個理念主題，其最好的表現形式只有一個，這也讓他的作品在文壇上獨樹一幟。李喬好友作家鄭清文曾說：「李喬先生不喜歡平凡。創作就是創造，就是意圖寫出以前沒有人寫過的。這是非常不平凡的。李喬喜歡不斷的嘗試、不斷的挑戰。他是一位勇於走鋼索的人。他的成就可以說是相當豐盛的。」〔註2〕此段話透露李喬寫作的幾個重點，李喬是一個在寫作上不斷求新求變的，力求每一種題材要以最適合表達的形式來加以呈現，但是這樣的寫作過程，是把自己變成一個在高空走鋼索的表演者，表演的好，下面觀眾掌聲如雷；表現失當，可能面臨自己從高空掉落的危險，鄭先生這段看似輕鬆的文字，其實直指李喬寫作的核心。

然而，求知欲強又用功的李喬，對於小說的形式追求，似乎也是無止盡的，常常勉勵年輕學者一定要「至少要完全可以閱讀一種外語」，是在自己的文學專業領域，可以有直接閱讀原文的能力，他自己就是一個這樣努力的作家〔註3〕，正如李喬在對於作家人格與作品文格的說明中提到：

> 小說形式的採用，或創造，看起來是技巧問題，深一層看：小說是「處理人生」的活動，這「處理方式」的取捨間，便隱含人格底要素。所以處理方式，不只是技巧層次的事，實在是作者人生觀照的顯現。言語特性、敘述形式、材料取捨、觀點選擇等在在與人格有關。〔註4〕

所以作品所反應的就是作家的人格表現，而作家的人格與生命經驗，會在作品中呈現，即便是作家刻意的不讓自己經驗在作品出現，這也是一種作家的風格，無論如何，作家與作品是無法切割的，而不管從李喬作品的質或量觀之，他的勤奮的人生觀是一覽無遺的。

〔註2〕鄭清文：〈鋼索的高度──李喬的文學成就〉《文學臺灣》第78期（2011年4月），頁218。

〔註3〕筆者於2011年7月3日與作家進行訪談，當天李喬先生拿出最近在努力用功的西方文學理論，自己將日文的原文書翻譯成中文，當時說到：「這張圖是引用日本的書，我把它翻譯成中文，在旁邊寫上李喬翻譯。」可見年近八十的他仍是一個求知欲很強的作家。

〔註4〕李喬：《小說入門》（臺北市：大安出版社，1996年2月），頁83。

第一節　敘事結構──意識流書寫

　　一篇出色的小說，非單純以故事的內容取勝，尚須有好的寫作技巧搭配，如此方能成就一篇傑出的佳作。通過寫作技巧的表達，寫作題材可以得到最佳的表現，論者陳清僑在一篇論述匈牙利裔哲學家和美學家喬治•盧卡奇（György Lukács，1885～1971）的文章中提到：

> 我們知道形式之為中介，在於容許創作者的個人經驗通過特定的、社會性的、物性的時空而傳達到讀者和觀眾裡去。沒有形式，創作的思緒無法傳通，而美感經驗也自然不能產生。缺乏傳通，缺乏美感經驗的交流，文藝便無法真正發揮社會文化的功能和效果。〔註5〕

作家透過寫作的方式，傳達特殊的人生經驗，在所處的社會中引起共鳴，成為傳在遞社會文化的一員。

　　「敘事結構」的分析，屬於文本分析研究中範疇之一。在此所謂的「結構」，指的是故事情節的安排，也就是敘述的方式。平常一篇小說的完成，在情節的安排、敘述的方式，主要是依照主題的設定取向來作最適當的決定，而故事本身的特性也是最重要的考慮點之一。但是在這樣狹義的說法之下，特殊的情節安排，不同的敘述方式，也會因為作家的個人的因素有有所差異，也因此造成作家獨特風格的形成。如普魯斯特（Marcel Proust，1871～1922）是一個內向敏感的作家，他的特殊的寫作風格，在於閱讀他的小說時常常被打斷，作者大量加入自己的議論、聯想或心理分析，而「時間」是可以無限延伸也可以無限壓縮，而過去、現在、未來更是可以相互顛倒、交疊；另外如李喬曾經提到的「福克納在『聲音與憤怒』中，以四章四個敘述觀點，重複展現同一時空安排，凡此，結構本身已然浮凸了作者的風格」〔註6〕。

　　李喬對於「敘事結構」的主張：

> 敘事結構，傳統的講法，就是我們敘述故事照著時間順序、倒敘、插敘三種，現在進行當中，把很多枝節、回憶插進去，叫做「插敘」。這三種方式外，在台灣二十多年前就開始出現一新方式，叫做意識流。意識流，我後面也會介紹，西格蒙德•佛洛伊德（Sigmund Freud）的精神分析心理學帶動的一個敘事結構──意識流的寫法。十年

〔註5〕陳清僑：〈美感形式與小說的文類特性──從盧卡奇到巴赫定〉《當代》第89期（1993年9月），頁72。
〔註6〕李喬：《小說入門》（臺北市：大安出版社，1996年2月），頁81。

來，第五種敘事結構出現了，那個就是 META 的觀念，後設小說（meta fiction）的寫法，以上是敘事結構。〔註7〕

在傳統的敘事結構研究中，研究者把文本以時間順序來分類統整，在「意識流」的書寫與研究出現之後，時間再也不是一定按照先後，它可以是跳躍的，開啓了寫作者與研究者對於創作更多的可能，「後設小說」所重視的則是在「寫作者」，後設賦予創作者的作品一種無限的可能性。

意識流（stream of consiousness）是西方心理學的專有名稱。最早見於美國心理學家威廉・詹姆斯（James William，1842～1910）所寫的一篇論文當中。在此論文當中，他以「流動」來形容人的意識，也以「河」或「流水」來做比喻爲人大腦中的意識，因此我們可以稱之爲「意識流」，而對於這個論點，詹姆斯在其 1980 年出版的著作《心理學原理》（*The Principlesof Psychology*）第一卷第九章〈該流的思想〉（The Streamof Thought）中有進一步的闡釋。「意識流文學」則泛指著重人物意識流動狀態的文學作品，而意識流小說主要指的是描繪小說人物關於意識活動的小說。「它使小說人物的刻繪從外在行爲與現實的描述轉向內在心靈的挖掘。這種轉變，不但賦與小說人物內在生命，而且也打破了傳統上對時間的認識。」〔註8〕是對於內心主觀世界的挖掘。

意識流手法的書寫，是深入小說中人物的內心進行描寫，將人物的想法意念表現出來，可以說是紀錄某一段時間的過程，通常是打破時間與空間的連慣性，以跳躍式的話語和破碎式書寫來表現心理狀態。如〈飄然曠野〉〔註9〕是以作者自己爲主角的作品。寫的是主角「喬」因爲母親正臥病在床，且面臨生死交關危險的情況，在「喬」內心中產生的恐懼感。文中的「喬」原本準備與女友薇薇討論步上紅毯那一端的相關事宜，但是此時卻因爲母親的病危，所以「喬」無法如期赴約，他必須陪伴母親即將到來的人生最後的一段路程。作者以意識流的書寫，表達主角內心無法向女友「薇薇」說清楚的內心話：

再見，薇薇。我說。她一怔，薄嘴半開。她感到意外。我知道她想

〔註7〕 李喬講述，鄭美蓉整理：〈小說研究場域與現代文學理論譜系〉《文學臺灣》第 71 期，2009 年 7 月，頁 112。

〔註8〕 蔡源煌：《從浪漫主義到後現代主義》（台北：雅典出版社，民國 76 年 12 月），頁 49。

〔註9〕 李喬：〈飄然曠野〉，《李喬短篇小說全集》第 2 卷（苗栗：苗栗縣立文化基金會，中華民國 89 年 1 月），頁 190～197。

　　說怎麼不送我一段兒。我在心裡說很晚了，得快些回去侍候媽——媽皮包骨蠟黃沒神的形象，倏地湧現腦際；一句句薇薇抱歉的話，快擠出喉頭，又使勁吞回肚裡。她盯我一眼，轉身走了，柔柔軟軟的雲鬢，這麼一旋，像飄散了一把聽不見的幽怨。我笑了笑。我知道自己這一笑容是很苦澀的。對不起啊！薇薇：剛纔我那連自己也為之震驚的態度，實在是一個遺憾。望妳不要想得太多。忘掉吧。我沒傷害你的存心。我又何忍傷害妳？我們，一向來，愛得多深！……孩子，給我弄點藥，媽感激你。我摒住呼吸來抵禦層層冒起的冷噤。我拼命搖頭。怎麼啦？喬！您不高興？我說沒有。您愛我嗎？她說。愛。我說。我也愛媽媽。可是媽媽！您得了絕症，您就要死了。我再也無從愛您孝順您！是誰奪去您？我們終於……薇薇，她身上傳出細微的顫抖，那是屬於快樂的。愛我嗎？永遠？愛。我說。永遠！「永遠」，這多富於諷刺的字眼兒哪！人類的永遠，畢竟是這麼地可憐。媽：您銜霜耐雪用心血酸汗把個從小沒父親的我養大；現在我可以賺錢養活您，娶媳婦兒代勞您，可是您卻要去了。
〔註10〕

由於即將失去母親的心中充滿了哀傷感與恐懼，那是生離死別的痛苦，不斷的蔓延與擴大，進而交織出整個悲劇的氛圍，以意識表現出「喬」心中急欲表達的千言萬語，因為心中想對「薇薇」說的話，對母親說的話，因為許多因素交雜而無法在當事人面前做完整的表達，這樣的徬徨不但讓喬無法釋懷於母親的逝世結果，也無力面對與薇薇之間的情感問題，於是他就像小說篇名一樣，飄然迷濛於這人生的曠野之上，找不到可以步出茫茫曠野的路，作者曾經自剖此文，說到其實當時的他剛結婚，但母親臥病病危的事情是真實的，這是在面對新婚嬌妻的美麗容顏，與母親即將不久於人世的內心紛亂，將作者的性格與紊亂失序的情感與思想清晰的勾勒出來。

　　〈浪子賦〉〔註11〕的篇幅雖然不長，皆是以「林錦青」的心理世界為主，而其中對於情節的安排，也以錦青思緒的流動過程，作為小說鋪陳的主軸。

〔註10〕李喬：〈飄然曠野〉，《李喬短篇小說全集》第 2 卷（苗栗：苗栗縣立文化基金會，中華民國 89 年 1 月），頁 190～191。

〔註11〕李喬：〈浪子賦〉，《李喬短篇小說全集》第 7 卷（苗栗：苗栗縣立文化基金會，中華民國 89 年 1 月），頁 36～42。

小說的主題寫的是在林錦青的心中，對於母親因為喪夫再嫁無法釋懷，在無法找到宣洩的出口，因而進入不良幫派放棄學校課業。母親知道這些事情之後，母親為了他的將來而把自己的尊嚴拋棄，只為喚回兒子的回頭，而林錦青終於受到母親的感動而獲得了救贖的可能——深刻的反省自己而決心脫離不良幫派。在小說一開始，以時間倒敘的手法，從錦青的內心想法與脫離幫派決心的描寫出發：

> 老大我不幹了，我退出。不是。也不是。看在一年多來我為兄弟夥豁出生命的份上吧。很難說，所謂決心，硬說是哪一剎那間，這是不合實際的；其實是長期間自我掙扎自我對峙的結果，或者說是一種爆炸。給我一條路走吧。不是。我不敢也不會這樣。是我個人的自決。咳，我可能提早進軍營，或窩在家裡，或去補習荒廢已久的功課。是的，有點可笑；我卻感悟到人往往在可笑中成長成熟。……我從未蔑視幫規過。我以為這不算。好吧。當然我有這個覺悟。不過老大，你不會這樣對付我吧。那我看錯了。行。左手無名指可以。當然怕，也知道夠疼痛的，但我接受。動手吧。正相反，我是因為決心退出才有勇氣。我不是專心激怒誰，實際上你已經發火。我說過不是不怕。我要眼睜睜地看你執行幫規。這大概不算觸犯什麼吧。嗯，我以為是我的權利：一個誤入岐途的正視自己承受惡果的權利。嘿嘿，老大，你的眼眶紅紅的……。不然那是什麼。唔……既然你硬要迫我說出那就說吧，反正從今以後我也不以什麼好漢歪漢英雄狗熊自居。告訴你，老大，還有兄弟夥們，這是因為我媽的眼淚。啊，那滾滾不停的眼淚從皺皺的眼眶流出，滑過乾枯發黃的雙頰……。〔註12〕

這一段描述，交代了錦青為何要離開幫派的主要原因，那就是母親的眼淚，同時也由此看到了錦青對看清幫派生活的體認的心理描述。此段引文，是錦青內心意識的呈現，以片段破碎的話語，來呈現他內心的紛亂與焦慮感，但這樣的意識是流動而無法切斷的。而循著錦青的心理意識描寫，便是小說接下來要陳述的母親眼淚作鋪陳，說明母親的眼淚如何換得錦青的浪子回頭。意識流小說的藝術技巧是多樣的，往往隨作家的風格與作品的呈現而有所不

〔註12〕李喬：〈浪子賦〉《李喬短篇小說全集》第 7 卷（苗栗：苗栗縣立文化基金會，中華民國 89 年 1 月），頁 36～37。

同，透過內心獨白，讓讀者深入閱讀小說文本之際，人物通過自我回憶的表現，顯現固定一個人物在不同時間的感覺，彷彿人物是具有生命力的，告訴讀者他們是存在著的，他們生存於怎樣的時代，遭遇如何的生活困境，讀者可以感到自己是存在於人物頭腦中的，小說中的人物性格似乎隱含著作者自身一部份的影子。

　　「意識流」的書寫手法，是探討李喬小說技巧不可少的課題，由上述篇章中，可以看見李喬的小說，有深刻的描寫小說人物的內心世界，讓小說中的人物形象更加鮮明，對於人物內心深處深層的挖掘背後，更看到歷史的巨靈重現，處於那個特定時空下人物生存的真實面相，李喬透過自己獨特的書寫風格，寫出自己對社會環境的感受，是作者自己對於那些他曾參與過的歷史，在小說中透過對於人物意識的描繪，徹底揮灑真實與虛構的並存。在對個人恣意縱情的抒發中，挾帶對於生存與生命的關照。

第二節　敘事觀點

　　李喬對於「敘事觀點」的界定：

> 這個研究，是小說藝術的重點。敘事觀點，文學研究者稱它為 point view，我們寫小說叫 view point（敘事觀點），我認為這是小說的身份證，也就是用哪一個角度來敘述這個故事。小說家是找一個角度來敘述，那個角度不是作者本人的現身說法。這個說法可能很抽象，有一個方法可以瞭解，就是「鏡頭」。那個鏡頭是作者去掌握的，可是鏡頭去掌握的畫面，和我這個掌鏡的人會有差距。例如說偷拍人家的裙下風光，那個鏡頭，那個 point 去拍那個裙下的風光，可是拍的人他自己，並沒有哪個角度去「看」，所以敘事觀點的意思是一個鏡頭這種觀念。傳統來講，敘事觀點在文學、小說裡面，可以說是最專門的一個東西。〔註13〕

一、敘事人稱概說

　　在傳統的小說書寫中，作者幾乎都是以「全知觀點」來進行寫作，不管

〔註13〕李喬講述，鄭美蓉整理：〈小說研究場域與現代文學理論譜系〉《文學臺灣》第 71 期，2009 年 7 月，頁 112。

是對於事件的敘述、人物塑造，或是情節的鋪陳，也因此容易產生所謂的「作者干預」、或是「作者現身」的問題，而作者的立場與意見，直接的在作品中被表現出來，換言之，傳統作品中的作者就像是上帝，知道一切，掌控一切。在李喬的作品中，不僅以一個寫作觀點行之，尤其是長篇的創作，其中的主要人物，幾乎都有敘述觀點的變化：

> 所謂全知觀點的誕生，難免有一個客觀的敘事，客觀敘事是理論上
> 有一個隱藏的說書人，不過，你所提到的全知，怎麼說好呢，就是
> 雖然是全知，但卻是限制觀點。短篇小說比較容易處理。我向來非
> 常重視觀點問題，在我的小說中，嗯，長篇小說也幾乎沒有例外，
> 都是採用複式的觀點。〔註14〕

在文本中敘事觀點的變化可以賦予小說人物更生動的表現，也可以讓故事情節的陳述過程更加合理順暢，李喬這裡所提到的雖然是全知，但卻是有所限制的，講的是針對在同一個篇章中，每個人物以自己的視角出發，作者在寫作過程中，分別從每個角色進行全知的寫作，但不同的角色是無法知道對方的內心，例如有 AB 兩個主要角色，作者只能從 A 視角的觀點，寫 A 的內心，但無法直接由 A 出發寫 B 的內心，如要呈現 B 的內心表現，則必須從 A 的內心觀點退出，再進行對 B 內心的描寫：

> 例如說一篇文章我用 A 這個敘事觀點的話，我就以 A 為單一觀點，
> 所以 A 以外的 BCD，你心裡面想什麼 A 聽不到，我就不寫。我第
> 二段以 B 為觀點的時候才補上去。《寒夜》也是一樣。但是，這麼
> 長的長篇，各個人物各自有不同的時間背景，也許會有遺漏的地方。
> 這時，我會採用「全知」的視點，於是乎作家的面貌就若隱現。〔註15〕

這裡所提到的，其實包含「全知觀點」與「局限觀點」。如以長篇《寒夜》來說，因為內容中涉及的東西很多，且其中的故事情節與人物，都延續到《荒村》與《孤燈》，如此的大河小說寫作當中，李喬在「敘述觀點」中所扮演的角色，就是那個無所不知的上帝的角色。

然而，研究者通常將小說的敘事分為第一人稱及第三人稱。譬如：在小說中有一個明顯的「我」字出現，且故事是以這個「我」來交代，則可以將

〔註14〕 李喬、周婉窈、三木直大、黃華昌；阮文雅紀錄：〈縱談《寒夜》的歷史與文學〉《文學臺灣》第 61 期，2007 年 1 月，頁 235。

〔註15〕 李喬、周婉窈、三木直大、黃華昌；阮文雅紀錄：〈縱談《寒夜》的歷史與文學〉《文學臺灣》第 61 期，2007 年 1 月，頁 235～236。

之歸於「第一人稱」敘事手法；文中如沒有一個明顯的「我」來進行敘述，
而是由一個匿藏的敘述者來交代，這樣便可以歸爲「第三人稱」敘述法。事
實上，小說中偶爾也會使用第二人稱的「你」，但以「你」出現在小說文本中，
關鍵在於這個「你」是誰的反稱，如果這個「你」是第一人稱敘述者稱自己
爲「你」時，固然是在進行一種對於「我」的自我剖析，這樣與第一人稱的
敘述手法在根本上並無相異，而在文本中的「你」可能對於全文主要的書寫
不會造成重大影響，也因此以第二人稱「你」爲敘述觀點，仍是一個有爭議
的視角分析，在本論文中暫且不以第二人稱「你」作爲文本分析，以下就李
喬的小說文本進行敘述視角的分析。

二、第一人稱敘事觀點

　　在目前可見的李喬的短篇小說中，共有 72 篇以第一人稱敘事觀點。由文
中的主角來說自己的故事，也因此以這種敘述觀點的優點在於，讀者在閱讀
的過程中，能夠進入主角的內心，受到小說的故事情節的吸引而受其渲染。
如〈難〉〔註16〕（2004）是以都會女子「胡秋萍」爲第一人稱敘事觀點出發，
描寫現代女子的愛情浮世繪。文中將主角「胡秋萍」設定成「成衣廠管理師」，
一個標準的「Citygirl」的角色，由主角自己來講述自己的愛情，顯然可以引
起許多都會女子的共鳴。以倒敘的方式先將她目前正處於「生命行程的迷惘
中」的狀態說出：

> 我三十五歲。生命有兩個男人。一個是維持七年感情的楊春雄，目
> 前已是葛藤斬斷；另一位徐國柱交往兩載，目前正讓我進退兩難，
> 欲哭無淚。〔註17〕

如此的心理描寫，勢必會吸引許多「都會女子」繼續看下去，這是作者的設
計的「小小心機」，一篇作品是是否成功在作品初刊時，似乎不是這麼重要，
在資訊爆炸的時代，一篇小說能夠吸引人繼續看下去，才是令人在意的。初
見此篇小說，心裡想著「李喬怎麼開始寫起都會女子的愛情故事了」，心中有
了這樣的疑問。然就全篇的主題而言，作者仍是以他一貫的書寫，貼合社會
脈動的書寫，台灣有許多到了適婚年齡，但是卻都不結婚的「都會男女」，作
者試著去圖繪這樣的社會現象產生的根本原因所在，這是作者對於社會關懷

〔註16〕李喬：〈難〉《台灣日報》副刊，2004 年 9 月 5 日～8 日。
〔註17〕李喬：〈難〉《台灣日報》副刊，2004 年 9 月 5 日。

的表達方式。一個在各方面都看似獨立的女子，對於婚姻這個「形式」，是不是就像現在的女生所表現出來的那麼「不在乎」，透過文中主角「胡秋萍」，作者已經告訴我們答案，原來婚姻這個形式，在許多人的內心深層裡，仍是一個難以自我救贖的障礙，在過度濃烈的愛情中對於自由的渴望，但在過多自由空間的愛情下，卻又感受不到對方的愛，愛情就是如此的兩難，胡秋萍的心聲，也正是台灣眾多 City girl 的心聲：

> 我的愛呢？我的戀愛呢？我疲憊了，不想「再動」，我要安定下來，我要愛一個人。我想不會作國柱之外的選擇了。可是他怎麼不能體會要回應我的愛呢？他那一套算是愛的回應嗎？我真的好想好好愛他，可是他領悟不到，在我也是一種落空。愛，好難好難！〔註18〕

另外，〈暴力〉〔註19〕（2004）是一篇多義的文章，可以從其中看到作者書寫的野心，以第一人稱「我」為主要敘事觀點，包含作者對於「土地」、「歷史」、「生命」的關照。所有的主題以「我」接到一通多年前因為買賣蘭花曾經有過短暫交集，但之後因無聯絡已經變成陌生人的「許」的電話開始展開，以這樣的開頭，不難臆測作者的意圖在於為接下來所聽聞之事的作「客觀性」的鋪陳，而「許」所言之事是「朱大力的老婆潘鳳珠因為艾利颱風而遭到活埋一事」，這是為了引出作者之後真正講的事：

> 以下是當地人都知道的「傳說」：火燒山事件後半年，在深山陡坡果園發現果農被殺，被槍殺事件。
>
> 起初是偶爾突然傳出槍擊的回音，然後發現有人被槍殺，恐怖氣氛籠罩整個山鄉。那是一個無言的年代，無人敢聞問，更無人敢傳述。治安單位秘密動員搜山緝捕「可能」嫌犯。可是始終沒有結果。
>
> 這種黑槍殺人事件持續了兩年，之後不再傳出槍聲，不過刺殺、絞殺的可怕事故還是偶爾出現。〔註20〕

朱大力由「失蹤的暴力警官」到「原住民」的角色轉換的真相，只有妻子潘鳳珠知道。潘鳳珠已經被埋在沙石之下了，而在丈夫朱大力的「拒絕怪手挖掘尋屍」的情況之下，象徵「真相」的潘鳳珠的軀體將被永遠掩蓋，那難道真相將永遠被掩埋了嗎？李喬說：「人間有一種存在是無所不在而無

〔註18〕李喬：〈難〉《台灣日報》副刊，2004 年 9 月 8 日。
〔註19〕李喬：〈暴力〉《中國時報》副刊，2004 年 10 月 17 日。
〔註20〕李喬：〈暴力〉《中國時報》副刊，2004 年 10 月 17 日。

法隔絕的，那就是空氣。人人在空氣中，於是所謂信息總會慢慢相通了。」〔註21〕。作者要我們相信，被「有心人士」處心積慮掩蓋的真相終究會有顯現的一天。

三、第三人稱敘述觀點

李喬最為重視的就是「第三人稱」的敘事觀點，曾自言：

> 至於一般的短篇小說，筆者認為「單一第三人稱觀點」是最精當的。它是最能「壓迫」作者，而使作品推向藝術境界的一招。請莫輕視它。〔註22〕

其實在李喬的短篇小說作品，確實正如他所言，以第三人稱為主要敘述觀點的作品是最多的，就目前可見的短篇就有 102 篇是以第三人稱為主要敘述觀點。如〈牽手〉〔註23〕（2005）以第三人稱「楊勝吉」為敘事觀點，講的是2004 年的「二二八牽手」活動。透過「楊勝吉」參加此活動的的心情與想法的表達，事實上也是作者心中想講的話，而「楊勝吉」其實就是作者的一個分身，鏡中的蒼老的楊勝吉，正是尚未成功「去殖民」的臺灣人形象的象徵。

李喬在此文想說的是，某些特別的歷史事件會以特別的「通過禮儀」（rite de passage）邁向歷史的新進程。而「咱係臺灣人」始終是一個未完成的符號，透過「二二八牽手護臺灣」的活動，在那個當下，臺灣人不分地區與種族共同心手相連，在共同的土地上，完成守護臺灣的儀式。「『過渡』此儀式，正是解脫『後殖民性』的象徵過程。魔咒解自心靈，力量由而產生。這才是『共國 e 台灣人』自我文化建構完成的關鍵所在」〔註24〕。

另外，在李喬的作品中還有「特殊視角」的呈現，例如〈今天不好玩〉〔註25〕是以一個癡傻的小孩為主要書寫視角出發，雖然內容所言，是平常一天的平凡生活，但透過白癡的視角，所看到的東西都變形了，和平常的不一樣，李喬要寫不合理的外在環境，在白癡的觀點之下，都變成「正常」了。又如〈我

〔註21〕李喬：〈暴力〉《中國時報》副刊，2004 年 10 月 17 日。
〔註22〕李喬〈再談觀點〉，見《小說入門》（台北：大安出版社，1998），頁 128。
〔註23〕李喬：〈牽手〉《文學台灣》第 52 期，2005 年 8 月。
〔註24〕李喬：《李喬文學文化論集（一）》（苗栗市：苗栗縣政府國際文化觀光局，2007 年 10 月），頁 353。
〔註25〕李喬：〈今天不好玩〉《李喬短篇小說全集》第 7 卷（苗栗：苗栗縣立文化基金會，中華民國 89 年 1 月），頁 268～277。

不要〉〔註 26〕內容寫的是有兩個人要參加議員的選舉而互相攻擊，把讓對方選不上為目的，因為破壞對方的聲譽，自己選上的機會就會增加，最後大家無法分辨到底誰說的話是真，於是抓了兩隻雞要到城隍廟斬雞頭發誓。此文特別以「雞」為敘述觀點，以會講話的雞來表現人間生活的荒謬，最後是發毒誓的一群人在雞的爭吵聲中，將雞頭砍下的結局。作者以「會講人話的雞」為敘述視角，目的在於批判「砍雞頭發誓」的陋習，人做的事為什麼要雞來承擔，關雞何事。

綜合上述，李喬以「第一人稱敘事觀點」的運用，表達出人最內心最深層的情感，也表現了人物內心與外在的不同面貌。關於「第三人稱敘事觀點」的應用，如實的呈現作品中客觀描摹，同時兼顧小說人物心理層面的寫作，可以知道李喬創作時對於敘述視角的細膩表現。而以「特殊觀點」的創作作品，更是李喬追求不同形式技巧的用心代表作，經由書寫「特殊觀點」，可見李喬對於小說創作的不斷思索與尋求突破的企圖。這是努用功始終在寫作上保有赤子之心的李喬，透過作品的表現，也顯示他自我的學習與實踐，而他對於敘事觀點靈活運用與成熟的掌握，更是他的小說成就獲得肯定的重要因素。

第三節　後設書寫

一、後設理論概說

在討論李喬作品中的後設創作特質呈現之前，必須對於小說創作中的後設理論運用，有較清楚的理解，以下提出幾個在台灣針對後設理論提出說明的論述者，是可以幫助讀者容易了解的說法，論者彭小妍提出：「所謂後設，希臘文原意是『發生在……之後』、『超越』或『比……邏輯層次較高』。而後設小說，就是對小說這個文類提出反省和檢討的小說，批判小說的本質、結構和法則。西方在十八世紀小說興起時，即已不乏後設作品，探討文學再現現實的語意學問題。由於小說蓄意模仿現實、又處處暴露自身虛構的特質，可以說，小說這個文類本身就是後設的代名詞」〔註27〕，「後設」在台灣大部

〔註26〕李喬：〈我不要〉《李喬短篇小說全集》第 7 卷（苗栗：苗栗縣立文化基金會，中華民國 89 年 1 月），頁 439～449。

〔註27〕彭小妍：〈後設美學與後現代性：解嚴後台灣小說的現實與虛構〉，《聯合報副刊 E7 版》，民國 92 年 8 月 2 日。

分是從英文「Meta」這個詞根翻譯來做了解，而「Meta」本身即是一個多意詞根。根據前面彭小妍的說法，「後設小說」就是作者直接跳出來告訴讀者，我就是這樣寫小說的，由我本人來跟大家說明創作的過程，但其實這也是小說家使用在創作中的手法之一，故雖然是作者在文本中告訴讀者，我是這樣的創作小說，讀者清楚的知道，作者正在告訴我說，我正在虛構你閱讀的文本，但其實不管是作者在文本中是以怎樣的姿態和讀者互動，那畢竟是小說文本的其中一部分，只是作者創作過程所呈現的一種手法而已，將小說文本視爲一個整體，這樣來解讀「後設小說」可能容易一些。

另外，論者張惠娟對於後設理論歸納提出以下幾個特點：1、它是對於寫實傳統創作手法的一種排斥，目的在於凸顯小說的虛構性，讓人質疑虛構與真實之間的關係。2、具有自我指涉的特質，暴露寫作的過程。3、強調不定原則與未完原則，文中可見編者聲音的介入，是強調過程的手法，一種開放文體。〔註28〕如據前提到的三個後設特點，則在後設小說中，真實與虛構變的模糊而曖昧，本來在小說創作裡，真實與虛構就是很難釐清的範疇，但在後設小說中，作者的聲音出現告訴讀者，這個部分會讓讀者誤以爲這是真實的部分，但其實可能讀者所看到的這個作者也是虛構的，正如李喬自己所言：「小說家是會騙人的，可能把自己也騙進去了。」〔註29〕但如果只針對「暴露寫作過程」而言，理解這是作者所使用的創作特殊技巧之一，可能真實與虛構之間的關係就會簡單多了，把這部分視爲作者真實的聲音，就是後設創作手法裡，作者呈現自我指涉的文本特質。另外後設創作的另一個重要的特點，簡單的說，就是透過作者聲音的出現，這部小說可能永遠沒有確切的結局，作者可能會在第二部、第三部甚至之後的更多創作中，不斷的推翻或改變他之前所寫的，這會造成小說創作的不定、開放與未完的特質。

關於後設小說的創作手法，作者自己曾言：「『後設』就是一種裸露文本的手段，而文本有無限可能。同理也爲所謂『讀者反應理論』搭了橋梁。」〔註30〕

〔註28〕張惠娟〈台灣後設小說試論〉，收錄於《20世紀台灣文學專題Ⅱ：創作類型與主題》，台北：萬卷樓圖書股份有限公司，2006年9月初版，頁217～233。

〔註29〕〈戲謔的笑顏，沉重的生命——觀點、後設的重構〉《想像的壯遊——十場台灣當代小說的心靈饗宴2：國立台灣文學館‧第四季週末文學對談》（台南市：國立台灣文學館，2007年12月初版一刷），頁226。

〔註30〕〈戲謔的笑顏，沉重的生命——觀點、後設的重構〉《想像的壯遊——十場台灣當代小說的心靈饗宴2：國立台灣文學館‧第四季週末文學對談》（台南市：國立台灣文學館，2007年12月初版一刷），頁228。

亦說：「我看到後設小說的基礎理論後，我發現我的很多小說的形成就是後設的結構」〔註31〕，作者將自己的寫作過程赤裸裸的攤在讀者面前，告訴讀者自己是如何寫作小說，同時作者也臆測了讀者可能會有的反應，在後設小說中，作者一併爲讀者做解答，且看李喬於一九八二年所發表名爲〈小說〉的短篇小說，以自身的經驗，用作品來回答常遇到讀者所提的問題，如「您的創作靈感來自於什麼？」、「您認爲所謂的小說是什麼？」，他以〈小說〉主角曾淵旺的境遇來做有趣的回答：

> 各位青年朋友：你問『何謂小說』？這個不容易回答，也可以說很好回答。我個人的說法是：亂七八糟胡扯一陣就叫做小說。因爲小說是寫人間事況的，而人間……什麼？你不相信？好，那就請看曾淵旺其人的遭遇試試：〔註32〕

作者以回答讀者問題的方式開頭，這是作者直接邀請讀者進入他的小說世界，也是前面作者所言，這樣的創作方式，爲作者與讀者之間，搭起了一座橋梁。後設小說有自覺的凸顯作者與讀者之間的關係，以回答讀者的問題來表達對讀者反應的重視。雖然作者曾自言，他創作〈小說〉時，完全沒有後設小說的概念，他想到的是反諷〔註33〕，但針對文本所呈現的形式，它無疑的是一篇以後設手法表現的小說。

　　李喬在寫作技巧方面，向來講究求新求變。對於書寫技巧嚴格的求新態度，可以說是在同輩作家中相當積極的，曾言「藝術重複就是死亡，我已經寫下這麼多篇什，我如何避免重複？如果重複何必再作馮婦？在進入實踐的階段必須超越的是：在形式上我絕對不許重複自己既有作品，最好也能閃躲世上既有作品的窠臼（當然以閱讀過的作品爲準。『好在』平生讀書不多）。」〔註34〕他以輕鬆自嘲的語調調侃自己，但作爲一個極度用功的作家，當然不

〔註31〕　〈戲謔的笑顏，沉重的生命──觀點、後設的重構〉《想像的壯遊──十場台灣當代小說的心靈饗宴2：國立台灣文學館・第四季週末文學對談》（台南市：國立台灣文學館，2007年12月初版一刷），頁230。

〔註32〕　李喬：〈小說〉《李喬短篇小說全集》第九卷（苗栗：苗栗縣立文化基金會，中華民國89年1月），頁11。

〔註33〕　〈戲謔的笑顏，沉重的生命──觀點、後設的重構〉《想像的壯遊──十場台灣當代小說的心靈饗宴2：國立台灣文學館・第四季週末文學對談》（台南市：國立台灣文學館，2007年12月初版一刷），頁229。

〔註34〕　李喬：《重逢──夢裡的人：李喬短篇小說後傳》書前序，（台北縣：INK 印刻出版有限公司，2005年4月初版），頁6。

可能「平生讀書不多」，既然如此，可見他對書寫技巧的創新要求是相當嚴格的，可以從他許多的作品中得到印證。

　　《重逢》一書，就是作者在追求技巧創新之下所產生的「產物」，作者以一種解構自己作品的創作手法，可將之視為是作者在建構另一本小說。李喬對於作品類型的定義原本是相當嚴格的，後來發現許多民族誌和田野調查也是一種小說，之後在西方理論中印證了他的這個看法，如此的過程，打破他最初對於小說創作根深蒂固的觀念。〔註35〕

二、後設小說的創作軌跡

　　在小說技巧上著力甚多力求變化的李喬，經由後設技巧表現臻於成熟的同時，將自己小說中的語言美學，推向另一個創作高峰。在早期的短篇小說〈小說〉（1982）、〈孽龍記〉（1985）、〈死胎與我〉（1989）、〈耶穌的淚珠〉（1999），到後來的長篇《重逢》（2005），可以看到作者以後設手法創作的軌跡，亦可以窺見李喬在後設技巧表現的軌跡。

　　一九八二年發表的短篇〈小說〉，以作家的身分寫一篇名為〈小說〉的小說，題目的命題上已經顯現出後設小說的趣味性，小說開頭，作家的聲音就出現在文本中，這是作者邀請讀者進入小說中的虛構世界，也是後設小說有自覺的凸顯作者與讀者之間的關係，以回答讀者的問題來表達對讀者反應的重視。而讀者更是一再被邀請進入小說之中，參與作者構築出來的文字遊戲，如小說最後：

　　　那年七月三日

　　　（內容重複，從略）

　　　這年七月五日

　　　（內容近似，從略）

　　　各位青年朋友：由以上事例看來，人間就是那樣亂七八糟胡來一陣
　　　的嘛。所以，「小說」這樣寫就可以了。

　　後設小說的特點之一，是不要讀者非相信它不可。在文本最後，作者更是直接跳出來告訴讀者，小說就是依照作者的心意表達就可以了，所以讀者

〔註35〕〈戲謔的笑顏，沉重的生命──觀點、後設的重構〉《想像的壯遊──十場台灣當代小說的心靈饗宴2：國立台灣文學館·第四季週末文學對談》（台南市：國立台灣文學館，2007年12月初版一刷），頁225。

不要過於相信小說裡寫的。

　　文本中關於曾淵旺的故事情節，內容看起來和一般的小說沒有兩樣，小說裡作者以日記的方式來表達，日期為「那年三月十二日」、「這年三月十三日」、「那年四月十八日」、「這年四月十七日」、「那年七月三日」、「這年七月五日」，文本中以「那年」和「這年」做區分，兩個主要脈絡看似要區隔，讀者跟著作者的腳步進到曾淵旺的「這年」「那年」，其實兩段的寫作內容非常相似，不管讀者直接從開始以順序的方式直到小說結尾，或是以日期作選擇式的閱讀，讀完標題「這年」之後，跳過「那年」再銜接「這年」，故事情節也是可以銜接。作者以日期標題有意識的要讀者去分辨這兩段的內容差別，其實就主要內容來看，大致上的主題表現是一樣的，所以如果以「那年」來銜接「這年」，曾淵旺的故事仍是完整的，但讀者如果以這樣的角度來讀小說，會發現小說中的時間是跳躍的，也說明寫作過程不受到時間的限制，文本中的時間是會騙人的，打破一般讀者對於時間順序的既定概念，而可以在時間之流中自由穿梭，其實就是後設小說表現的手法之一。

　　作者試圖說明自己的創作過程，雖然把話說得簡單，但寫作小說真的如作者所言「亂七八糟胡扯一陣就叫做小說」嗎？在這裡作者想表達的並不是真的亂七八糟胡扯，而是每個作家都有屬於自己的獨特性，作者只是將內心所感受到的，以自身認為適合的方式將之表達出來。在小說被創作出來後，當讀者大眾接觸到文本時，小說會變成作者無法去掌握的演變，作者不會知道他的作品在哪些時間點上，對讀者產生怎樣的影響。

　　於 1985 年發表的〈孽龍記〉，以文中人物劉士土為主角，主角的設定是一位「東方文化史的學者，近十五年來，興趣與心力卻完全專注在東方各地神話的比較研究上面」，這樣的角色設定自然有其存在的理由，幫助小說中的虛構情節合理化：「遇上殺女『神話』，唯有像劉士土這樣的人才有能耐處理，也唯有有點不務正業的學者會動腦筋，把抽象觀念藉殺女事件呈現，而予以詮釋」〔註 36〕，以劉士土在報紙上看到一則「標題為『中共荒謬的一家一子人口政策』」的報導，裡面對於中共一胎政策下所引發的荒唐效應，令劉士土非常不解，因為如此，主角認為這是一個特別的寫作題材，「他的意念一轉。

〔註 36〕李喬：《重逢──夢裡的人：李喬短篇小說後傳》書前序，（台北縣：INK 印刻出版有限公司，2005 年 4 月初版），頁 277。

他想：何不試著以小說形式來呈現它？」〔註37〕他認為人世間許多的不可理解與解讀都應以文字來呈現，因為文字具有可以填補想像的空間：

> 學術研究，論文剖析，是用來「解釋」自然或社會現象的；遇上「不能解釋」的現象呢？那就只能予以「呈現」。自然科學和社會科學都在尋找解釋；藝術卻是但求呈現；而文學，正是最佳呈現形式。這是二十年前豁然想通的，而且頗為自得。〔註38〕

有好的題材加上自己的個性驅使，劉士土很快開始著手寫這篇小說，文本中呈現出劉士土整個書寫的過程，李喬在這裡用了相當特別的寫作手法，就是在故事中講故事，在虛構中再建立虛構，以李喬之筆寫劉士土寫作之筆，就小說文本來看，劉士土的聲音不斷的出現在自己創作的小說中，強調小說的虛構性，以自己的聲音告訴讀者我正在寫作一篇小說：

> 誰，如何把小珍珍拖拉到井邊，並推下去？唔，還是用誘騙比較「容易」。對，用「誘騙」：親生父母把女兒誘騙到死地，然後推下……
>
> 「怎麼設計比較自然而且順利呢？」他仔細思索起來。幾分鐘之後，他作了這樣的安排：
>
> 許行孫夫婦事先講好，在飯後，小娥走到門外，來到水井邊，然後發出驚叫聲——不過不能太大聲，以免驚動鄰居。唔，應該在入夜之後；有一勾上弦月，正好辦事……
>
> 唔，最好許行孫領珍珍點香「拜別」祖宗——什麼理由呢？這要重新設計……
>
> 這時，要不要點出小珍珍有些不安，或者模糊的警覺？
>
> 不。不會。不可能。女兒怎麼可能對親生父母萌生什麼「警覺」？
>
> 於是——
>
> 「哎呀！這是什麼？」常小娥在門口跟水井等距離的地方，以不大不小的聲音喊了起來。
>
> 「幹嘛大驚小怪地？」許行孫如響斯應，而且拉著珍珍的小手跑步

〔註37〕 李喬：〈孽龍記〉《李喬短篇小說全集》第九卷（苗栗：苗栗縣立文化基金會，中華民國89年1月），頁303。

〔註38〕 李喬：〈孽龍記〉《李喬短篇小說全集》第九卷（苗栗：苗栗縣立文化基金會，中華民國89年1月），頁303。

奔出來……

「爸……」珍珍驚呼一聲。

許行孫沒理會伊。〔註39〕

作者劉士土不斷的出現在自己的小說文本中，一直打斷讀者的閱讀，強調小說創作的虛構性，眞實作者李喬看似在小說中完全退場，但最後的「現身」：「把原稿送到也是寫小說的好友李喬先生處，請他代擬。李先生看過全稿後，認爲：『不像小說，卻有小說的感染力』，他建議用『孽龍』爲題目。」〔註40〕讀者已然了解全文只是虛構的眞實罷了，作者除了揭露現實社會的無奇不有，反思中國傳統文化「重男輕女」的沉重包袱，並說明小說不等於人生，是虛構的，而「『虛構』是：把人間無數個事實的『點』，以虛擬杜撰的『線』（故事情節）貫串起來，形成更眞實的人間面目──的作業、創作產品。這，就是小說」。〔註41〕

在〈「死胎」與我〉一文中，以作者的聲音開頭，這和〈小說〉一文有相似的效果，作者開門見山的讓讀者知道作者的存在。此篇的寫作手法相當特別，可以看出作者努力的想告訴讀者這一篇作品是眞實的，文本約由兩段看似眞實的事件所組成，一段是開頭時作者的聲音，接著以「（死胎）的故事是在十多年前聽到的」〔註42〕開始描述這個作者看似親身經歷的事件。全文皆以作者講述來呈現，延續 1985 年所發表的〈孽龍記〉，此篇李喬亦以眞實事件報導爲故事題材，顯現出後設小說必須以「現實」社會作爲書寫的基礎，一旦失去「現實」，虛構就變得沒有著力點，因爲「虛構的解釋：它是把人間無數事實的『點』，加以貫串的『虛擬杜撰之線』。」〔註43〕

一般對於後設小說的討論，多認爲於黃凡在一九八五年十一月所發表的短篇小說〈如何測量水溝的寬度〉之後，引起台灣文學界對於後設理論運用於小說創作上的種種討論，但如就文本來看，李喬於一九八二年發表的〈小

〔註39〕 李喬：〈孽龍記〉《李喬短篇小說全集》第九卷（苗栗：苗栗縣立文化基金會，中華民國 89 年 1 月），頁 312～313。

〔註40〕 李喬：〈孽龍記〉《李喬短篇小說全集》第九卷（苗栗：苗栗縣立文化基金會，中華民國 89 年 1 月），頁 332～333。

〔註41〕 李喬：《小說入門》，（台北市：大安出版社，2002 年第一版），頁 6。

〔註42〕 李喬：〈「死胎」與我〉《李喬短篇小說全集》第十卷（苗栗：苗栗縣立文化基金會，中華民國 89 年 1 月），頁 61。

〔註43〕 李喬：《小說入門》，（台北市：大安出版社，2002 年第一版），頁 23。

說〉一文，可以說是後設小說的濫觴，只是李喬的此篇小說或許在後設理論的運用上尚不成熟，所以沒有引起熱烈的討論，畢竟，作者曾自言當時創作此篇時，心裡想著的「只有對現實的反諷」〔註44〕。

〈小說〉、〈孽龍記〉與〈死胎與我〉三篇短篇，可以說是作者在二○○五年發表以後設為主要創作法的長篇《重逢——夢裡的人》之前的雛形，雖然〈孽龍記〉與〈死胎與我〉文中，主要的主題表達是政治方面的，對於台灣與中共關係的思考，更進一步對於大陸政策的反思與批判，但就其後設理論書寫技巧而言，前三篇短篇可以視為長篇《重逢》的先聲。

三、強調虛構的本質

在後設小說中，「作家開始質疑文字所呈現的現實，進而凸顯小說『虛構』的本質。」〔註45〕就是作者在小說文本中，將自己的寫作過程暴露其中，李喬自己曾言：「所謂後設的方式有很多形式，最常用的就是把寫作的過程呈現出來，呈現過程中作者也出現了，然後有一個討論的過程。」〔註46〕作者的角色自然明確的出現在其所呈現的過程中，干擾讀者的閱讀，甚至故意激起讀者對作者書寫的質疑，暴露出文本的虛構性。真實／虛構是後設小說重要的主題之一。一件確定的真實事件，透過小說家的筆，會被拆解成以不同敘事方式而產生不同的可能性。後設手法延伸了小說文本的生命，也是作家意識的重現，讓小說中虛構的情節，更能說服讀者，看似邀請讀者與作家一同找尋創作的根源，探求真實性，但實際上可能同時掉進作家另一個虛構的空間，他用現身說法的方式，讓讀者相信在文本中作家的話是真實的，跟著作家的腳步，一步步進到他所建構的小說世界中，作家的聲音不時的出現在文中當中，不斷提醒讀者「我在這裡」，打斷了讀者閱讀作品的習慣。

李喬以後設創作的小說中，〈孽龍記〉與〈死胎與我〉兩篇以真實事件為

〔註44〕 〈戲謔的笑顏，沉重的生命——觀點、後設的重構〉《想像的壯遊——十場台灣當代小說的心靈饗宴 2：國立台灣文學館・第四季週末文學對談》（台南市：國立台灣文學館，2007 年 12 月初版一刷），頁 229。
〔註45〕 彭小妍：〈後設美學與後現代性：解嚴後台灣小說的現實與虛構〉，《聯合報副刊 E7 版》，民國 92 年 8 月 2 日。
〔註46〕 〈戲謔的笑顏，沉重的生命——觀點、後設的重構〉《想像的壯遊——十場台灣當代小說的心靈饗宴 2：國立台灣文學館・第四季週末文學對談》（台南市：國立台灣文學館，2007 年 12 月初版一刷），頁 230。

主，而看似作家虛構的故事情節圍繞此眞實事件，以眞實的存在事件凸顯後設小說極力張揚的虛構成分，《重逢》則是與前兩者相反，以探索小說中人物爲出發點，建立看似眞實存在的人事物。後設小說藉由眞實事件的存在，用以強調小說語言的強大功能，這樣的特點，正是排拒以社會眞實面爲呈現目的的寫實傳統主張，寫實傳統小說力求內容如同映照眞實社會的面鏡子，講求眞實的表現。但後設小說則重視語言的層面，特別是以小說的筆法來反省討論小說，也就直接凸顯小說的虛構成分，「強調小說是人工堆砌文字的成品」〔註47〕。

〈小說〉一文以後設手法企圖以打破傳統，對於小說創作課題的既定觀念。作者以「亂七八糟胡扯一陣就叫做小說」試圖打破寫實小說的概念，以小說是作者所創造出來的論點來看，強調一篇小說完全是作者的操控，也同時提高小說中虛構成分，忽略其小說題材來源的眞實與否。〈小說〉一文，作者要讀者不要完全的相信小說內容，正如作者自己所言，「語言可以掌握文學的全部，……小說的世界就是用語言文字創造的一個空間」〔註48〕，這是作者建構出來的空間，不是讀者所認知的那個眞實存在的空間，是作者建立出來的「框架」，後設小說裡的「框架」本來是用來區隔「現實」和「虛構」的，在〈小說〉中，作者的出現，顯然突破小說虛構的框架，讓作者眞實的聲音出現，讓作者的聲音來告訴讀者，小說只是我用文字來呈現的，強調小說乃是虛構的文字堆砌。

〈孽龍記〉中主角劉士土一位研究東方文化史的學者，從鋪陳主角的生活習慣起頭，到看到臺灣時報名記者陌上桑君的特稿之前，接著主角在閱讀完「中共荒謬的一家一子人口政策」的報導後所產生的反應，對於父母親因爲政策而「冷靜地殺死女兒」，這件令人難以想像且極其荒謬的事，正因爲此報導讓劉士土無法理解，所以引起劉士土的寫作興趣，至此，可以感受到作者對於小說鋪陳的用心，因爲劉士土的個人背景，引發他對這則荒謬新聞的好奇心，文中交代主角爲何會進入小說創作的行列中：

> 學術研究，論文剖析，是用來「解釋」自然或社會現象的；遇上「不

〔註47〕 張惠娟〈台灣後設小說試論〉《20世紀台灣文學專題Ⅱ：創作類型與主題》（台北：萬卷樓圖書股份有限公司，2006年9月初版），頁218。

〔註48〕 〈戲謔的笑顏，沉重的生命──觀點、後設的重構〉《想像的壯遊──十場台灣當代小說的心靈饗宴2：國立台灣文學館‧第四季週末文學對談》（台南市：國立台灣文學館，2007年12月初版一刷），頁227。

能解釋」的現象呢？那就只能予以「呈現」。自然科學和社會科學都
在尋找解釋；藝術卻是但求呈現；而文學，正是最佳呈現形式。這
是二十年前豁然想通的，而且頗爲自得。〔註49〕

這是作者在小說中建立另一個「作者」，李喬將這個作者建構完成後，由劉士
土來講這個故事，在這裡創造了一個故事中的故事，就是由他來寫劉士土寫
故事一事。就文本中所呈現的，劉士土所看到的報導是經過李喬包裝後的「眞
實」，透過主角構思小說內容的寫作過程，看到其所建立的「虛構」，李喬將
小說創作中的虛與實推向一個極爲曖昧的位置。讀者看到的是劉士土（在文
本中的主角），不斷的出現打斷自己（劉士土）所寫的小說中，是虛構中的虛
構：

誰，如何把小珍珍拖拉到井邊，並推下去？唔，還是用誘騙比較「容
易」。對，用「誘騙」：親生父母把女兒誘騙到死地，然後推下……
「怎麼設計比較自然而且順利呢？」他仔細思索起來。幾分鐘之後，
他作了這樣的安排：
許行孫夫婦事先講好，在飯後，小娥走到門外，來到水井邊，然後
發出驚叫聲──不過不能太大聲，以免驚動鄰居。唔，應該在入夜
之後；有一勾上弦月，正好辦事……
唔，最好許行孫領珍珍點香「拜別」祖宗──什麼理由呢？這要重
新設計……
這時，要不要點出小珍珍有些不安，或者模糊的警覺？
不。不會。不可能。女兒怎麼可能對親生父母萌生什麼「警覺」？
於是──

主角劉士土寫作的過程，亦是作者虛構小說的過程呈現，異於〈小說〉一文
的「亂七八糟胡扯一陣」，此文是作者精心設計小說的過程，以作者的聲音出
現其中，「把原稿送到也是寫小說的好友李喬先生處」更加凸顯小說的虛構
性，它仍是作者白紙黑字所勾勒的虛構世界。

作者以「我」爲第一人稱，以全知無所不知的觀點自由進出故事中主角
的心裡，看似作者的自言自語，直接讓讀者感受到「我」就在現場，這是〈死
胎與我〉的書寫手法。作者在小說開頭就現身，「編輯先生：謝謝你一再邀稿、

〔註49〕李喬：〈孽龍記〉《李喬短篇小說全集》第九卷（苗栗：苗栗縣立文化基金會，
　　　　中華民國89年1月），頁303。

逼稿」〔註50〕，以「我」從校長徐傑夫的口中聽到的故事為主軸，「我」的角色就是李喬本人，這個關於「死胎」的故事以「我」和校長對話的方式呈現，目的在強調故事本身的眞實性，講述吉玉寒小姐與許士金先生，一中一台身分背景的人結婚之後，所發生的種種荒謬事情，妻子連續幾次的懷孕都是死胎，卻查不出任何原因，這裡自然有李喬先生關於政治的隱喻在其中，〔註51〕在這個故事的鋪陳之後，作者的現身打破了前面處心積慮建構的眞實性：

> 不過徐某提的「故事大綱」已經相當完整。我似乎立即下定決心，
> 一定要把它發展成一篇中短篇小說。當然，這個故事有許多盲點！
> 還有不少疑點，另外就是「困難」：男女雙方一是大陸人，一是臺灣
> 人，情節的重點又是死胎，下筆時如何避過「敏感症候群」，說服「神
> 經衰弱讀者」──，而又獲得藝術層面的成績？
> 我陷入欲罷不能，而又進退兩難的夾谷中……
> 我決定這篇小說就叫做〈死胎〉。
> 首先我把「情節大綱」排列出來。〔註52〕

作者直接現身於文本之中，也印證作者提出的「把寫作的過程呈現出來，呈現過程中作者也出現了」的說法，不但打斷讀者的閱讀，也增添小說文本的虛構性，作者跳脫小說情節的框架，把自身反省寫作的過程做直接的呈現。

相較〈孽龍記〉與〈死胎與我〉中作者高調且直接的現身，凸顯小說的虛構性，在〈耶穌的淚珠〉全文中，作者似乎刻意的不經意出現：

> 彼緩緩跪在耶穌背負著十字架的苦像前。彼睜大雙眼靜靜凝視泛著
> 隱隱鈍光的耶穌。裹著黝黑深褐的裸露肌膚，痛楚淒苦的刑像，走
> 過二千年漫漫歲月的肢體，唉！耶穌　您，請接納摩東在此向
> 您……
> ──「向您……」接下去實在很難寫，或不適合於拿文字來表達。
> 〔註53〕

〔註50〕李喬：〈死胎與我〉《李喬短篇小說全集》第十卷（苗栗：苗栗縣立文化基金會，中華民國89年1月），頁60。

〔註51〕作者在文本中寫到：「〈死胎〉的主題不在追尋眞正的「死胎之因」，而是暗示〈死胎〉現象背後的人間眞實……」。李喬：〈死胎與我〉《李喬短篇小說全集》第十卷（苗栗：苗栗縣立文化基金會，中華民國89年1月），頁74。

〔註52〕李喬：〈死胎與我〉《李喬短篇小說全集》第十卷（苗栗：苗栗縣立文化基金會，中華民國89年1月），頁73。

〔註53〕李喬：〈耶穌的眼淚〉《李喬短篇小說全集》第十卷（苗栗：苗栗縣立文化基

相較於前面提到的後設作品，此篇作者現身的文字少了很多，但是從中可以發現作者的創作題材明確的轉向政治議題，其實這是一篇政治意味濃厚的小說，作者在文章最後以「後記」的形式提到：「這是一篇《聯合文學》的退稿。在事先受邀撰稿，並先講明「寫什麼」，竟以「內容敏感」被擲回」﹝註54﹞一事，作者以「後記」的方式，特別將此事說出，可見其對於此事是相當在意的。

　　對於小說創作中的虛構，李喬認為這是小說創作不可或缺的重要成份之一，曾言：「虛構，在小說上是絕對必要的」﹝註55﹞，作者以後設手法來創作小說，更能顯現虛構在創作中的重要性。當作者在說這個故事時，他本身也跳入故事情節之中，讓讀者有種虛實難辨的感覺，但讀者其實都知道那是虛構的，這也就是後設技巧的趣味。如果說寫實小說是想逼近或描繪現實，後設小說就剛好與之相反，對於虛構本身的探討是這類小說的目的，也可以說是對小說虛構本質的一種反省。

　　在後設小說當中，虛構的存在是不容懷疑的，「在虛構中也許有歷史存在，但在歷史中卻不允許有虛構這類東西的存在。在一位偉大的小說家手上，完美的虛構可能創造出真正的歷史，成為既有小說藝術之表現，同時又能指陳真理的最佳表現媒介」﹝註56﹞，虛構在後設文本中的重要性。

四、一種挖掘自我的過程

　　後設小說「顯示出小說家對語言、文學形式以及對小說的書寫過程充分的自覺，致而敘事的文體便具有高度的自我反射性」﹝註57﹞李喬透過後設手法，表達其對於政治、歷史嘲諷的個人意識，《重逢》一書，以重新探討自己的小說進行現在自己和過往自己的對話，這樣看似跨時空的對話，成了作家回顧過往生命存在的種種證據，既往的時間不會回流，當下的感覺曾經存在，這些當時促使他創作的靈感來源，在時間不斷的遞嬗，可能有許多的枝節作家已不復記

　　　　金會，中華民國 89 年 1 月），頁 194。
﹝註54﹞李喬：〈耶穌的眼淚〉《李喬短篇小說全集》第十卷（苗栗：苗栗縣立文化基金會，中華民國 89 年 1 月），頁 210。
﹝註55﹞李喬：《小說入門》，（台北市：大安出版社，2002 年第一版），頁 23。
﹝註56﹞彼得・蓋伊（peter Gay）著；劉森堯譯《歷史學家的三堂小說課》（台北：立緒文化事業有限公司，民國 93 年 10 月初版一刷），頁 203。
﹝註57﹞蔡源煌：《從浪漫主義到後現代主義：文學主義新詮》（臺北市：書林，2009 年 11 月），頁 157。

憶，當回頭再次探尋過自身過往的經驗時，許多的自身歷史記憶，已然重新再被記憶再被建構，《重逢》運用後設技巧在看似解構自己小說的同時，實際上是重新結構／再現小說，這是作家從中挖掘自身的重要過程，經過探訪、對話等動作，記憶被重新喚起，被解構之後再建構，是生命歷程的重新詮釋。創作中對李喬來說，是思考方式的表現，亦是解除內心痛苦的方法之一：

> 寫作的滋味如何？我要重複說：「實在很苦」。據說有些人靈感來時，
> 往往一瀉千里，倚馬萬言。我未曾有過這種愉悅；十年來，我始終
> 陷入苦寫苦改而不能自拔。縱使是一些編者的「命題作文」亦然。
> 其中原因我想有二：一是前面說的，我的資材問題。二是我在追求
> 行雲流水清暢明白之外的另一種文體。若有人反詰：既然這樣痛苦，
> 何不另覓副業，貼補家計？關於這個質難，我祇能避重就輕地說：「解
> 除內心的痛苦」！〔註58〕

寫作對李喬而言，就是一種深入自我內心的底層挖掘，將那些過去累積堆疊的記憶，再一個個以手上的筆寫出，用最合適的形式呈現在讀者面前，因為有太多的故事可以寫，有太多的話想講，寫作於是變成他最好的表達方式之一。

（一）嘲諷意識的呈現

李喬的生命與文學緊密的結合，在其以後設筆法創作的幾篇文章中，可以觀察出其與政治有絕對的緊密結合，透過後設「戲擬」的手法來嘲諷政治議題，除了對於國家社會的關注議題，他用後設筆法與其一貫關注的政治議題做結合，可以說亦是他個人在創作生涯的一個邁進。

〈死胎與我〉中的故事來源是敘述者「我」的同事，也是當時任教學校的校長，「我」在介紹校長時，以充滿政治意涵的口吻來形容這位影響他很深的人：

> 我說徐君影響我極大，是指兩方面：一是「丟」給我（死胎）這種
> 小說素材，害得我可能終生不克「自救」；二是這位「青年才俊」言
> 行及種種表現，充分顯現「大陸性的陰險深沉」以及「海島性的苛
> 刻浮躁」，使我幡然醒悟國民黨統治者的極限與不可期待，因而走向

〔註58〕 李喬：〈與我周旋寧作我〉《李喬短篇小說全集》資料彙編（苗栗：苗栗縣立文化基金會，中華民國89年1月），頁20。

　　今天的反對者之路……。換言之，徐君之於今天「這樣的我」，是有
　　極大影響的，而徐君弄來（死胎）的素材，直接害苦了我。因因果
　　果，難矣哉。〔註59〕

「我」（作者的現身）將自己因為寫作〈死胎〉一文的後遺症，歸咎於徐君，
是為了鋪陳〈死胎〉中欲嘲諷的政治意圖，介紹徐君背景的文字是〈死胎〉
重要的引言，作者「我」不時的出現在文本中，用誇張的口吻講吉玉寒小姐
與許士金先生的故事，以兩位主角的背景來看，吉玉寒代表的是中國大陸，
而許士金則是代表台灣，作者在此處理的正是難解的省籍問題。

　　「我」初聽到兩人的故事時，以「好一個新階層，奇異的結合」回應，
其實間接預告悲劇的結局，但導致悲劇的最主要原因不在兩人的相處上，而
是連續幾次的懷孕都是死胎，不管是胎死腹中或是出生沒多久就死去的嬰
兒，醫生卻也完全查不出任何原因。如以此為一篇嘲諷的政治寓言來看，確
實可以看出作者「處心積慮」之處，代表台灣與大陸的兩人性格完全不相同，
相處過程必然產生許多問題，講的是兩個獨立文化的主體，如以外力強行合
併在一起，在各自的立場上，必然產生如「死胎」的悲劇結果，作者以難解
但存在的省籍問題提出台灣的主體意識，並對於中共政權的反思。

　　李喬從一九九五完成《埋冤‧一九四七‧埋冤》之後，花了許多時間與
心力參加文化相關活動，如一九九八年至二○○六年間，相繼主持或參與公
共事務相關活動，他是一個相當關心社會脈動的作家，這篇〈耶穌的眼淚〉
就是以文學反應政治的小說，以後設表現手法中的嘲諷戲擬為語言文字特
色，企圖呈現小說自身的真實性，這其中有作者欲嘲諷戲擬的對象，且對象
可以說是非常明確，從文中黨派與人物命名的諧音，可以辨識出作者所設定
的現實中的人物。耶穌形象是神聖的代表，任何人在神聖形象的面前，終將
脫去任何偽裝的面具，作者巧妙的安排，無非是要小說人物的心理層面，在
讀者面前做最真實的呈現。

　　〈耶穌的眼淚〉一文以主角呂摩東在背負十字架的耶穌聖像面前告解懺
悔為全文主軸，以對話方式呈現，是文中人物呂摩東與耶穌之間的對話，或
是呂摩東與內在的自己對話，抑或是李喬透過呂摩東來和耶穌對話，或甚至
是呂摩東與作者李喬的對話：

〔註59〕李喬：〈死胎與我〉《李喬短篇小說全集》第十卷（苗栗：苗栗縣立文化基金
　　　　會，中華民國 89 年 1 月），頁62。

彼日夜經常情不自禁地向上帝怨嘆：

「上帝啊！這款看待阮，係無公平e！」

——「什麼不公平？」一縷熟悉的聲音響自腦海。

是的，什麼不公平？彼還是經不起反詰的，祇能浮面地辯解説：生而爲迦太基人就一定要反羅馬嗎？實際上鍋眠黨人十之八九並非羅裔人，然則羅馬帝國，腥黨等及同路人怎麼可以一口咬定彼就非迦太基自立派不可呢？

「上帝！阮已經明白宣示主張統一——二百外次哩！伊嘛死死唔相信！」

「係啊！伊就是唔相信！」那個聲音同情似地回一句。

「嗯，不相信！」彼憤然説：「爲什麼不相信？因爲『非伊族類』嗎？」

「不好。不好這樣想，尤其你是最高執政官，有此猜測就是不道德的！」那聲音轉爲嚴厲。

「他們這樣懷疑阮就道德嗎？」彼的犀斗下巴不覺揚了起來，不過立刻警覺，瞬即恢復敬虔姿態神情。

嗯，眞的十分不甘心，實在叫人怨嘆！

「上帝啊，阮眞的不能信任嗎？」彼悲苦地問。

「……」耶穌默默。

「您是説：問阮家己嗎？」彼逼問一句，接著向耶穌提迂迴的思考：「者且擱下，再看迦人這邊，爲什麼一口咬定阮，一定係共國 e，同情伊呢？」

「迦太基人係：一廂情願！」那聲音冷冷説。〔註60〕

用「雙碼」（two codes）或「雙聲」（two voices）手法進行寫作，其所表現的文體特徵，亦是後設小説運用的一種方式。〔註61〕文本主軸所呈現的主角呂摩東與耶穌神像之間的對話，此兩種聲音並存其中，對話的過程中，作者對

〔註60〕 李喬：〈耶穌的眼淚〉《李喬短篇小説全集》第十卷（苗栗：苗栗縣立文化基金會，中華民國 89 年 1 月），頁 197～198。

〔註61〕 張惠娟〈台灣後設小説試論〉《20 世紀台灣文學專題Ⅱ：創作類型與主題》，台北：萬卷樓圖書股份有限公司，2006 年 9 月初版，頁 226。

政治現象嘲諷的意味愈加明顯，兩個聲音的彼此抗衡，是作者透過小說題材，直寫對於一九九八年台北市長選舉結果的心情表達，其對話的內容，更是作者觀察當時執政者敏感政治立場的心得。一九九六年到二○○七年間，近十年的時間，李喬幾乎傾全力參與文化活動，不分族群與黨派，以愛台灣這片土地的心意出發，用手中的筆，寫下對於政治現況的觀察與心得，意有所指的寫出執政者與在野黨之間的權利鬥爭，台灣當局的執政者，「一九九八年十二月五日深夜，東方「迦太基」首府太貝市陷入一片血色旗海之中。親羅馬的「鍋眠黨」非主流出身候選人麻鷹鳩高票當選，一個新的醞釀開始滾動……」〔註62〕。

　　文中以羅馬與迦太基的歷史為背景，原因是當時兩國的歷史與政治情勢跟台灣相似：

> 迦太基人是混合的民族，據說是閃族的後代，曾經由腓尼基人後裔治理，腓人後來部分與居民混合在一起，另外部分腓人退出，結果由當地人自立，推出執政官治理，處於自主獨立狀態。其中也有羅馬人，所以社會上、政治實權階層一直有一批親羅馬份子存在。目前執政的「鍋眠黨」就是傾向羅馬的，不過主流派的呂摩東所屬有「同情」自立傾向，至於新當選太貝市長麻鷹鳩與正字招牌的「羅馬腥黨」卻是極端的親羅統一派。〔註63〕

作者筆下的字字句句，有強烈的政治隱射意味，寫出執政者「呂摩東」有「同情自立的傾向」，文章最後以呼告方式，多次提出「阮係獨還是統？」的疑問，但最後耶穌給的答案卻是：

> 耶穌的嘴唇非緊抿也非鬆弛，而是疏遠人世的自然狀態。祇是——祇是呂摩東彼發現、發現到耶穌的雙眼眼眶裡漾起一絲銀色星點……啊！星點盈盈，盈盈之餘星點終於脫眶而出，而化為粒粒淚珠；不見猶豫，滾過臉頰跌落，跌落於呂摩東眼前，跌碎於地上……
> 〔註64〕

〔註62〕 李喬：〈耶穌的眼淚〉《李喬短篇小說全集》第十卷（苗栗：苗栗縣立文化基金會，中華民國89年1月），頁194。

〔註63〕 李喬：〈耶穌的眼淚〉《李喬短篇小說全集》第十卷（苗栗：苗栗縣立文化基金會，中華民國89年1月），頁266。

〔註64〕 李喬：〈耶穌的眼淚〉《李喬短篇小說全集》第十卷（苗栗：苗栗縣立文化基金會，中華民國89年1月），頁280。

雖然文中的耶穌沒有給「呂摩東」明確的回答，但作者於後記中寫到：「一九九九年七月九日，呂摩東向「德國之聲」表示：台灣與中國之間乃國與國的關係，想來「耶穌的淚珠」確實予他某種啟示吧？特補記一筆作為紀念。」顯然不管是文中的主角「呂摩東」或是作者，心中早已有明確且堅定的答案了。

（二）自身生命歷程的建構

如果就李喬自己所言，《重逢》應該是他人生中的倒數第二本長篇，他提到寫作此書的想法與動機：

> 從事小說寫作的人可分兩型，一是清楚自覺為小說人在創作小說，另一型是把寫作當作整理自己紛擾的內在，甚至於是一種心理治療療程。我，顯然是屬於第二類型。從這角度看我今日老年的夢境，可知我青少年的心理糾葛仍在，潛存著可以也應該梳理的空間。〔註65〕

這是李喬的創作觀，透過對自身內在的反省與整理，得到各方面的宣洩與解脫，此書或可視為作者梳理自己從青少年至今的過往歲月，通過記錄探訪那些「自己記掛最深切，還時時牽腸掛肚的篇章人物」〔註66〕的過程，以如此特別的方式回溯自身過往歲月的創作，果真如其自言：「李喬寫小說從來就醉心於技巧與形式創新的追尋；寫了四十年小說了，在這部『此生最後第二部小說』裡，還會束手無策嗎？」〔註67〕

《重逢》一書中，作者表達自我意識的意味甚濃，一種挖掘自我的過程，作者試圖再創造自己的生命歷程，所以小說是作家生命的一部分，不管它是真實的還是虛構的，藉由後設手法對自己舊有作品再創作的李喬，以「作家在場」的書寫手法，不斷的引領讀者跟著他進入他的作品中，後設手法延伸了小說文本的生命，也是作家意識的重現，讓小說中虛構的情節，更能說服讀者，看似邀請讀者與作家一同找尋創作的根源，探求真實性，但實際上可能同時掉進作家另一個虛構的空間，他用現身說法的方式，似乎想把筆下的創作一一交代清楚，甚至告訴讀者，他是怎麼來創作小說的，作者曾在訪談

〔註65〕 李喬：《重逢——夢裡的人：李喬短篇小說後傳》書前序（台北縣：INK 印刻出版有限公司，2005 年 4 月初版），頁7。

〔註66〕 李喬：《重逢——夢裡的人：李喬短篇小說後傳》書前序（台北縣：INK 印刻出版有限公司，2005 年 4 月初版），頁7。

〔註67〕 李喬：《重逢——夢裡的人：李喬短篇小說後傳》書前序（台北縣：INK 印刻出版有限公司，2005 年 4 月初版），頁8。

中深入的談到《重逢》這本創作：

> 　《重逢——夢裡的人》是一種「後設小說」，在台灣我記得呂正惠編
> 了一本後設理論的書，我翻來看，他把幾個現代社會科學的理論引
> 進來。我是根據一本現代文學理論的書而來的。我念一段文字：「後
> 設小說是自我顛覆裝置的小說，其內涵可分為兩類：第一是依據小
> 說本身來審查的一種機構，也就是依著作品的自我審查的方法，寫
> 成的文學作品。第二類是比較詼諧的，改編或者模仿詩文的總稱。」
> 　更重要的是說：「把文學作品的一部分當作對象的文學，以創作的形
> 式去完成一種文學批評。」依這兩段的敘述看，我那本書裡面該有
> 的差不多都有了。〔註68〕

此段文字中作者說明自身所理解的後設小說特點，也用作品來加以印證，此
書如以「創作的形式去完成一種文學批評」的觀點來看，顯然亦可視為作者
的另一本創作，文中作者與自己創作中的小說人物進行對話，本來書中的白
紙黑字，全部化為有生命的真實存在，可以說作者以後設書寫再一次的寫了
有關這些人事物的小說，只是本來的小說內容提到的人事物，也因為時間的
流轉而有所變化，我們可以把這本小說視為作者與過去的自己對話，藉由探
訪小說中的人事物，其實是作者重新審視自己過往的生命歷程，那些曾經被
紀錄下來的關於自身的生命點滴。

　　組成《重逢》一書的基礎，是作者曾經創作的短篇小說，作者化身進入
小說「虛構」中，與其自己曾經創作的小說人物進行對話。作者如此的書寫
策略，異於以往長篇多以「歷史素材」為創作基礎〔註69〕。內容從第一篇發
表的短篇〈酒徒的自述〉開始，這是作者公開發表的第一篇短篇小說，自然
有其根源、起始的意義，既要回溯過往，則其根源當然不能忽略，是讓自己
回歸到最初的創作原點，因為「那裡面一定有一個作家對文學最初、最真誠、

〔註68〕〈戲謔的笑顏，沉重的生命——觀點、後設的重構〉《想像的壯遊——十場台
　　　灣當代小說的心靈饗宴2：國立台灣文學館‧第四季週末文學對談》（台南市：
　　　國立台灣文學館，2007年12月初版一刷），頁226。

〔註69〕《重逢》一書發表於2005年，在此之前所發表的長篇計有1971年《山園戀》、
　　　1974年《痛苦的符號》、1977年《結義西來庵》、1978年《青青校樹》、1980
　　　年《寒夜》、1980年《孤燈》、1981年《荒村》、1983年《情天無恨——白蛇
　　　新傳》、1985年《藍彩霞的春天》、1995年《埋冤一九四七埋冤（上下）》共
　　　10篇，其中關於「歷史素材」的作品有《結義西來庵》、《寒夜》、《孤燈》、《荒
　　　村》、《埋冤一九四七埋冤（上下）》等5篇，占了長篇創作的一半。

最熱切的投注」〔註70〕，從故鄉「蕃子林」最熟悉的人事物〈酒徒的自述〉、〈採荔枝〉、〈德星伯的幻覺〉、〈阿壬嫂這個人〉、〈我沒搖頭〉、〈山女〉，以文字來記錄他們「心靈深處的挖掘或捕捉」〔註71〕，〈家鬼與水鬼城隍〉轉向「改寫民間傳說」〔註72〕，而後的〈辛酸記〉、〈四十歲的球〉、〈共舞〉開始思考人生中所產生的苦難與困頓，〈迷度山上〉作者已經確定自身的迷惑所在，開始思考自己人生的真正方向，在〈修羅祭〉一文中，看到李喬在思考人生方向之後的作品有向神學靠攏的意味，接著再度回到以家爲主題的書寫，回家主題（上）（中）（下）中包含十三篇短篇創作〔註73〕，其創作歷程回到家的原點，在「歸鄉」之後的李喬，在人性的苦難與反抗這樣的寫作主題上，都有了更加深入的思考。《重逢》一書是李喬重新試煉提升他的文學之路，以一種未完成的開放文體來呈現，亦是後設理論創作的手法展現。

對於後設小說的的看法與創作，在李喬與紀俊龍的對談資料中顯示〔註74〕，在創作過程中，他突破自己對於小說界定的既定概念，從具體到抽象，再從抽象到具體，用「人間不是實體的存在，是關係的存在。以這個來談既有的作品，那麼我們重新去詮釋它，回過頭去反省它的構成，這是後設小說產生的根本理論。」〔註75〕李喬本身即是一個相當重視「虛構」的作家，〔註76〕通過後設理論中的許多書寫特點，可以發現作者的創作有不同的面貌，後設書寫是他突破自身寫作的技巧之一，不管是突顯小說中的虛構情節，或是以

〔註70〕 李喬：〈悠然向黃昏──自序「李喬短篇小說精選集」〉《李喬短篇小說精選集》，（臺北市：聯經，2000 年），頁 2。

〔註71〕 李喬：《重逢──夢裡的人：李喬短篇小說後傳》（台北縣：INK 印刻出版有限公司，2005 年 4 月初版），頁 45。

〔註72〕 李喬：《重逢──夢裡的人：李喬短篇小說後傳》（台北縣：INK 印刻出版有限公司，2005 年 4 月初版），頁 83。

〔註73〕 此 13 篇關於「回家」主題的短篇是：〈歸〉、〈山上〉、〈那棵鹿仔樹〉、〈如夢令〉、〈大蟳〉、〈今天不好玩〉、〈一種心情〉、〈達瑪倫・尤穆〉、〈爸爸的新棉被〉、〈人球〉、〈小說〉、〈泰姆山記〉、〈回家的方式〉。

〔註74〕 〈戲謔的笑顏，沉重的生命──觀點、後設的重構〉《想像的壯遊──十場台灣當代小說的心靈饗宴2：國立台灣文學館・第四季週末文學對談》，台南市：國立台灣文學館，2007 年 12 月初版一刷，頁 202～241。

〔註75〕 〈戲謔的笑顏，沉重的生命──觀點、後設的重構〉《想像的壯遊──十場台灣當代小說的心靈饗宴2：國立台灣文學館・第四季週末文學對談》（台南市：國立台灣文學館，2007 年 12 月初版一刷），頁 229。

〔註76〕 在其談小說創作的專書《小說入門》一書中，在〈小說是什麼〉、〈虛構的必要〉、〈虛構的限制〉中，都有談到關於虛構的問題。

後設的技巧來表達對於政治主題的戲擬嘲諷，甚至是用來進行對自身小說的對話與反省，以創作小說來記錄生命的作家，或許後設的技巧，是讓這些人事物以最自然的狀態出現，成為李喬生命中曾經的「真實」，而這些一個個片段的真實，就是構成作者完整的生命經歷。

第四節　語言的多元呈現

　　在語言學的主張中，人生存的具體世界之所以具有意義是因為語言的存在，語言有傳遞意義的功能，也就是「意義」的存在是因語言的出現，有了語言，事物的概念因而產生。因此在語言學的系統中，不同的字詞皆代表特定的意義，在此系統中，不同字詞所代表的特定涵義必須是在一個特定的系統中，也就是在一個特定系統中，語言符號所指向的是一個約定俗成的意義，在李喬的主張中，語言和文學的關係是「文學因語言而具象化，語言是文字的實體；語言是文學表現的唯一工具。」〔註77〕也就是說，如果失去語言，文學便無法成立，語言是作家思考軌跡的表達工具，而文字則是用來記錄呈現語言。從語言學的角度來看，文字是記錄語言的書寫符號：

> 語言要求文字正確地記錄它。語言的特點制約著文字的特點。但是文字和語言畢竟不是一回事情，用甚麼形體去記憶語言，其間沒有必然的聯係。……不管文字的形體如何變化，文字是記錄語言的書寫符號系統，這種性質是不會改變的。〔註78〕

於是，用來記錄語言的文字，沒有所謂特定的形體，就漢語而言，書寫者為了以文字呈現一個讀音，可能會有許多的同音字出現，也因此會出現書寫者通過筆下的文字來寫歷史，必定多了作家對於歷史本身的詮釋，歷史事件不再只是記錄真實，而是書寫者借以用來傳達個人思考的媒介，因此文本裡用來記錄歷史的語言文字，其所乘載的意義必定遠遠超過真實歷史本身。

　　本節擬以從李喬小說創作中豐富的語言且獨特的書寫現象，討論作家試圖穿破因為語言隔閡的時空，再一次重返當時的歷史現場，檢視因為時空的改變所造成的，對於歷史的解讀和官方文獻裡所刻意隱瞞／扭曲的歷史事

〔註77〕李喬：《埋冤‧一九四七‧埋冤（上）》自序之（二），（基隆：臺灣海洋出版社，1995年10月），頁18。

〔註78〕葉蜚聲、徐通鏘：《語言學綱要》，（台北市：書林出版社，1994年12月一版二刷），頁174。

實。而對於李喬歷史作品的討論,除了不能忽略歷史本身在臺灣歷史脈絡中的意義之外,更重要的是作者透過歷史帷幕下的個人史觀,也是李喬個人意識的逐漸清晰化的呈現。

1937 年中日戰爭爆發之後,日本開始推動所謂「皇民化運動」(1937 年～1945 年),皇民化運動可以說是日本統治當局,對台灣人民的思想進行箝制的政策之一,當時的執政者台灣總督府爲推動皇民化運動,開始強烈要求台灣人說國語(日語)、穿和服、住日式房子、放棄台灣民間信仰和祖先牌位、改信日本神道。其中改說「國語」(日語)政策,正是一種殖民者收服被殖民者的重要手段,也是日本在台灣的殖民統治邁向了另一個階段。語言所代表的是一個民族的根本,不同語言顯示不同的民族性,更表示其文化傳統的差異,文化傳統是民族的「根」,當「根」的結構(文化思考模式)被強迫改變時,顯示這個國家的不穩定性。

其實在日本接收台灣之後,就已經開始推行日語的政策,但效果並不顯著。直到日治後期的皇民化時期,開始大量廣設「國語講習所」,鼓勵台灣人講「國語」,以普及日語能力。甚至 1937 年 4 月以後,全面禁止報紙的漢文版。而早期在師範學校開設給漢人的課程也被取消。學生在學校裡被要求講「國語」,在人民的生活當中無時無刻被要求講「國語」。因此,日本當局對實踐這樣要求的家庭,給予「好處」,例如對於全家大小都用日語交談的知識家庭,給予成爲「國語家庭」的優待,而要成爲國語家庭必須要提出申請,經當局認可之後,會在公開儀式中頒發刻有「國語家庭」字樣的牌子,並懸掛在家門口上。成爲國語家庭的台灣人,可以享有許多優惠,如小孩有較好的機會可以進入設備師資較好的「小學校」或中學唸書,到公家機關應徵者有機會可以優先任用、與食物配給較多等等「優惠」。此時,台灣的母語是在夾縫中求生存。而日本以威脅／利誘手段來迫使或誘惑人民熟悉或認同一種外來語,並藉以作爲一種身分上威權的象徵,以致人民忽略或輕視自己社會的文化與歷史。

〈皇民梅本一夫〉〔註 79〕就是一篇以日治時期爲書寫的代表作,文本主角謝時祥是一個在日治時期全力配合相關政策的臺灣人,文本透過謝時祥與林阿菊結婚當天的過程,作者巧妙的以日語、國語和台語並置的紛亂情況,

---

〔註79〕李喬〈皇民梅本一夫〉《李喬短篇小說全集》第 8 卷(苗栗:苗栗縣立文化基金會,中華民國 89 年 1 月),頁 188～207。

側寫臺灣人當時的處境，結婚一事可謂人生中最重要的時刻之一，不同的民族文化，對於結婚的相關禮俗差異甚大，也可以知道何以李喬會以「結婚」這樣的場景來呈現這樣語言紛亂的「現場」：

> 大家的情緒，在清酒的刺激下，逐漸高昂起來。可是因為雙方父母忍著不敢用本地話交談，用「國語」又沒有把握，所以只好眉來眼去，或做些小手勢來表達情意；無可奈何，只好不斷乾杯。
>
> 梅本一夫卻儘量找話題和田中閒聊。他是有意緊緊抓住田中的注意力，使之沒空和老人家談話，免得造成更多羞窘局面。
>
> 「喂！阿祥！」準丈人喝得太多了吧，突然衝著一夫用本地話嚷開啦：「阿祥，你聽俺講。」
>
> 「老伯，叫他一夫，聲音小一點。」劉桑趕忙來救。
>
> 「逗得斯嘎？」一夫的臉陡然發白。
>
> 「有什麼事？」劉桑翻譯。
>
> 「阿菊，交分你囉，愛同俺惜喔！」
>
> 「菊子桑，可累卡拉……」劉桑翻譯。
>
> 「卡那拉子，狗安心褲搭曬。」一夫優雅地笑笑。
>
> 「唉？你講狗安心——打屁安狗心？你？」準丈人勃然變色。
>
> 「不是啦。」劉桑立刻說：「一夫講：盡管放心，一定會啦。」
>
> 「啊！哈伊！」準丈人一臉又惱又好笑，又好像突然抓到屎團那樣，怪怪的，苦苦澀澀的。〔註80〕

這是發表於一九七九年的短篇作品，當時作者所使用的書寫語言就是他後來自己所稱的「漢音日語」〔註81〕的表現手法，不過，在當時倒是沒有讀者跳出來表達相反的意見。作者以結婚的當下一句女婿向岳父表達希望岳父放心將女兒交給自己的話語——「卡那拉子，狗安心褲搭曬」（盡管放心，一定會啦），因為語言的隔閡，而差一點引起喧然大波的情景。另外重要的是作者的用字，雖然是以聲音相近的字直接音譯，但李喬在同音字的選用上面，表現

〔註80〕《李喬短篇小說全集》第8卷，頁197～198。

〔註81〕對於「漢音日語」的說法，是作者李喬在《埋冤》一書中才公開提及的，《埋冤》上下冊發表於一九九五年，而此短篇小說則是發表於一九七九年，或許是因為是短篇的創作，讀者將之視為一種作家特別的寫作手法來看待，所以沒有引起如《埋冤》時的反對聲音，但在此短篇中，可見李喬對於語言文字所能承載的意義已有相當程度的關注。

出對於異族執政的諷刺手法，如「狗」字用來比喻那些欺負臺灣百姓的日本人，同音字在此亦承載隱喻的重要功能，看似是作者以簡單的音譯手法，實際上有作者對於選字的用心之處——戲擬諷刺；亦在看似有趣的對話過程中，表現臺灣人在日本殖民執政當下不一樣的態度，有人爲了自身利益，不惜出賣自己的家國，有人將自己的生死置於度外，爲留住一個民族國家該有的尊嚴，本篇作品透露出李喬身爲作家的焦慮感，因爲在寫作過程中，逐漸深入臺灣歷史文化的深本中，對於臺灣人無法團結的陋性有所感觸，此點在長篇《寒夜三部曲》中，是對於臺灣人出賣臺灣人的「三腳仔」有更深刻的描寫。

語言和文字跟隨時代的變化而有不同的改變，許多文字的使用情況在不同的時代有不同的表現，例如當今的社會中，常常可見中文與英文、日文甚至是韓文混用的情況，將這樣的語言和文字作眞實的紀錄之後，可以得知當今社會就是一個地球村，國與國之間的語言，因爲科技的進步而增進各種交流的機會，所以通過對於語言現象的觀察，可以得知一地政權的轉變。在《寒夜三部曲——荒村》中，李喬以語言來突顯文中人物的身分甚至是認同意識，不同的語言是不同身分的表現，而在不同的場合中，語言所扮演的角色各有所異：

> 在他出生地附近大南勢有一叫「阿火頭」的獵人。有一回他在深山無意中找到一窩山猴。妙的是祇有五六個拳頭大小的初生小猴在窩裏；守護的大猴一見人來，抱起一隻小猴就逃走了。剩下五隻初生小猴，一舉成擒，可是繩索不夠，祇好就地採葛藤來細綁。那些小猴，嚇得屎尿直流，可是有一隻卻膽大得很，一直反抗不已。阿火頭惱了，以帶來的苧麻繩來對付這隻反抗的小猴。折騰半天，阿火頭背著、提著五隻小猴唱著山歌回來。快到家的時候，那隻用苧麻繩綁得緊緊的小猴竟咬斷繩索逃脫了；其餘，膽小不敢反抗的小猴的命運，各位不難想像……。
>
> 「妙！妙哇！」臺下有人喝采，也有人鼓掌。〔註82〕

這是《荒村》主角劉明鼎參加反日組織「農民組合」後上台演講的情景，作者以人物所講語言的不同表示民族的不同，自然處境也不同，是殖民者與被

〔註82〕李喬《寒夜三部曲——2.荒村》，（台北縣：遠景出版事業有限公司，2001年7月五版），頁333～334。

殖民者的區別，劉明鼎以國語的演講，以具有反抗寓意的小故事引起台下聽眾的共鳴，也因為語言的隔閡與差異，在旁監視的日本人卻顯出「很困惱的樣子」，直到明鼎不小心說出「剝削者」、「統治者」的字詞時，當時在現場負責監督的「池田」才反應過來，說著「中止！苛啦！中止唏咯！」並將明鼎的雙手銬上手銬。以重現當時的語言環境，也說明語言擁有的強大力量，當統治者想要將人民收編成「我們」、「他們」的區別，只要使用語言來加以歸類控制就可以做到。使用統一的語言，人們自然很容易接納並將之歸類為「我們」或是「共國 e」。

日治時期除了執政的日本人之外，還有一種人「恨不得」日語就是母語，這種人就是作者在其創作中有許多著墨的「三腳仔」，也就是漢奸的角色，這是作者相當痛恨的，因為在他的意識當中，應該是自己人團結起來共同抵禦外侮，怎麼會是幫助外人來欺壓自己人呢，《荒村》中有許多關於「三腳仔」的書寫，透過主角劉明鼎及父親劉阿漢之口，也顯示作者心中的臺灣人是很難團結的，「老爸還經常說：臺灣人最多漢奸。『臺灣人最多漢奸嗎？』他也經常想。」〔註83〕

語言的表現正是一個作家書寫風格的表現。在李喬的小說作品《荒村》、《孤燈》、《埋冤‧一九四七‧埋冤》等作品中，出現許多直接以文字表現客語、福佬語以及日語的書寫，這些文字多為直接以音相近的文字來加以記錄使用，其中使用最多的是「漢音日語」的創作方式，其實是重構當時時空現場最直接的方式，因為直接將當時的語言環境呈現出來，讓讀小說的人直接感受當時的環境氛圍，不僅提升小說在歷史「真實」面的可信度，而作者在進行重構當時歷史環境的過程中，已將自身的想法賦予小說的人物、情節和主題當中，而這樣直接以相近的語音文字來進行創作的方式，在研究李喬小說的範疇裡，出現了不同的看法。作者自己在《埋冤》一書的書前序中，以一「文學語音之辯」的短文，試圖為自己這樣的創作方式做清楚的說明，短文開宗明義就以「『漢音日語』令人惱」表示自己的無奈，是作者對於自己的作品所帶給讀者的「困擾」的回應：

> 許多識與不識的朋友，對於筆者這種「怪招」斥為亂搞者有之，苦笑者有之，謹慎點頭的也有。在筆者來說，是經過長期思考後才不得不的心情下決定這樣做的。這部小說的「文學語言」問題，放在

〔註83〕《寒夜三部曲——2.荒村》，頁 344。

> 「今日臺灣」這個時空意義上，確然隱含極多應予釐清，值得且必
> 須早予探討的問題，所以撰一小文權充引子──如果能引來諸方家
> 注意，也是本作收穫之一吧？〔註84〕

在以上的文字裡，可以看出作者透露出的幾項訊息，作者以「怪招」稱自己
「漢音日語」的寫作表達，顯示有讀者對於這樣的寫作手法是不認同的態度，
批評作者是以「亂搞」的姿態來進行小說的寫作，而這些不同的聲音，顯然
是促使作者寫作此文的主要動機。文學作品可能含有多義性，不同讀者可能
對同一部作品有全然不同的詮釋觀點，也因為作品擁有這樣的多義性，始能
提供讀者更豐富的想像空間。於此作者寫作此短文的其中一個重要的目的在
於捍衛「創作」這件事，作家對於自己作品擁有無限上綱的自主權，且對於
扭曲作者寫作用心的言語，作家不得不「現身」替自己辯駁：

> 筆者勉強用實在不通的「漢音日語」，用心與理由是：一、漢字表意，
> 日文表音，有些漢字是可以「諧近」而表日語的意思的，例如：「訛
> 獸」是謊言、使詐，有出典的，「綺麗」是美麗，「奇險」是危險、「悉
> 得路」是明白、知道。雖然勉強，還是沾上了邊。二、在對話之後，
> 特別加以說明，三、對話之後，未加說明的祇要細查前後便可以猜
> 中十之八九，四、縱然此句完全不懂，沒有關係，筆者所追求的祇
> 是那種「調子」、那種「節奏」那種「不同」而已。實際上，筆者努
> 力追求的，十九就是那種調子、節奏不同感。因為就全篇而言，已
> 經夠了。〔註85〕

作者在此所強調的「調子」、「節奏」、「不同」等，其實就是對於歷史的重新
闡釋的重點，當作者在選用這些所謂「漢音日語」的文字時，必定有其用心
之處。這是關於小說書寫語言問題的探討，在李喬的作品中可以觀察出他對
語言文字表現的重視與用心，呈現多元豐富的語言特色的作品，作品中的文
字，必蘊含作者的思想，但在〈文學語音之辯〉一文中所看到「作者現身」
來說明自己創作的觀點，似乎沒有完全解答讀者的疑慮，這是作者是一個拋
磚引玉的動作，目的在於希望引起更多對於語言文字的思考與討論。

〔註84〕 李喬：《埋冤‧一九四七‧埋冤（上）》自序之（二），（基隆：臺灣海洋出版
　　　　社，1995 年 10 月），頁 18。
〔註85〕 李喬：《埋冤‧一九四七‧埋冤（上）》自序之（二），（基隆：臺灣海洋出版
　　　　社，1995 年 10 月），頁 21。

　　李喬以《埋冤》一書，透過二二八事件試圖喚醒臺灣人正視臺灣眞正的歷史，正確的歷史，因爲一地的歷史是影響生長於這塊土地上人民意識最主要的關鍵，歷史的累積，形塑一地的文化，而文化亦是人民思想與生活習慣的統稱，這樣蘊含作者對於歷史與文化深入思考的代表作，理當以讀者最熟悉的語言來進行創作，但作者面臨以現在的文字呈現一九四七當時語言紛亂的社會背景，這其中如何取捨自然是作家必須考慮的問題，而「重返歷史現場」爲《埋冤》的重要主題之一，在面對歷史與文學的兩難當下，應該是以文學性爲主要寫作上的考量，但因爲作家涉入此段歷史甚深，因此作家站在對於臺灣的感情與對二二八受難者的敬悼，使他無法說服自己捨棄歷史只爲完整的文學性，也因此此書是作者精心思考而成的作品，爲歷史與文學在此書中，是爲平衡的情況，可以承載作爲一個作家對於文學的尊重，更是身爲一個臺灣作家的使命感。

　　《埋冤》書中大量以漢文直接記載客語、福佬語、日語的書寫現象，顯現當時的臺灣人，正面臨因爲政權改變所帶來的語言困境，國民政府來台初期，爲了促進可以盡快達到民族團結與愛國精神等目標，透過成立國語推行委員會展開對於語言統一的積極態度，在如此的語言環境中，大部分的臺灣人爲了趕快擺脫異族的統治，回到祖國的懷抱，多積極的學習中文，而日語、福佬語、客語及日語，幾乎變成相對弱勢語言，如《埋冤》一書的主角葉貞子因爲工作的需要，以及爲了自身可以改頭換面而努力學習國語：

> 於是伊嚴守作息時間：用心準備功課，認眞教學；爲了把「國語」學好，除了遵守規定參加週末的「國語演習班」課程外，週日上午還參加由縣府主辦的「國語會話」高級班的訓練。
>
> 「國語會話班」每週同時開三班，班班人滿。據說，週一到週五還有初級班與中級班，也都座無虛席。
>
> 據伊所知，「光復」後，臺灣人學習北京話的興致高昂，尤其青年人幾至風靡的程度。可是「二二八事件」後一度完全冷卻下來。這是自然現象。問題是，半年後——去歲九月各學校開學後，教育機關發下通令：及至次年九月，中小學教員要接受「國語檢定」的考試，不及格者可能解職。至於其他各公家機關，也傳出類似的警告。
>
> 在臺灣，「國語」就又風行起來了。

這是當時國語在臺灣的推展情形，語言不只是表情達意，更是能反映整個社

會大環境概況。但在此段中，作者以二二八事件之後，臺灣人不再積極學習國語，這似乎是作者「故意」通過主角葉貞子傳達出二二八事件官方的處理態度，導致人民對於執政者的失落感，也間接突顯出甫剛接手掌管臺灣的中國執政者，兩者在根本文化上顯現不可忽略的差異性。

在李喬前後期的臺灣作家中，亦有許多是以處理二二八事件為寫作題材，如：吳濁流、鍾肇政，東方白等人，他們筆下關於二二八事件的創作，皆與官方所公布的歷史數據有所不同，是以與執政者持相反意見的書寫，這其中所顯現出來的意義在於，他們認為執政者掌握了主導歷史的權力，但是當這些公開的官方文獻與當時人民的記憶產生落差時，給人民帶來的除了對執政者失去信心之外，更是對於國家主體認同意識的迷失，也就可以知道為何李喬寫作《埋冤》一書時，在面對歷史與文學時如此的難以取捨，因為他沒有辦法忽略「那一代的義人志士，以及被嚇壞的百姓」〔註86〕，語言是作者尊重歷史真相的一種表達，因為當時的社會正是一個語言紛雜的環境，以真實呈現的語言來記錄，是建立／還原當時最真實的歷史現場，也塑造一種時間與空間回歸到一九四七年時候的氛圍，當讀者閱讀文本時，不自覺會跟著文本的腳步，回到當時的歷史現場，與作者同步出現在當時的時間點空間點，用語言解決讀者在閱讀歷史時因為時間所造成的疏離感，因為讀者未必對於歷史事件有深入的瞭解，作家的寫作使命之一就是讓讀者接受自己的作品，進一步才有可能可以吸引讀者，如何透過語言回到五十年前的歷史現場，文本的語言呈現變成一個相當重要的媒介：

> ──「聽到沒有──嘿！」突然白刃一閃，學生的左耳邊鮮血直射，
> 隨著屬叫聲，一隻耳朵拋落地上。
> 這個學生反而愣住驚嚇成僵直的枯木。動手的傢伙的動作未停，接
> 著鮮血迸濺中又把右耳削落，再揮兩刀在學生的門面上──
> 「啊唷──」
> 血肉模糊中，學生的鼻準變成血泉，嘴巴化成血窟窿。大概嘴唇與
> 鼻子全皆「削落」了。
> 「△△△△△△」淒厲叫聲、哭聲，一片從未聽聞過的，顯然不是
> 人能發出的慘叫絕叫，像熾熱的鐵絲在空處流竄衝刺！

〔註86〕李喬：《埋冤・一九四七・埋冤》，作者於書名旁寫上「敬謹獻給那一代的義人志士，以及被嚇壞的百姓……」。

「上！」持刀的人左手一揮……

「殺──嘿！」一個士兵退後五步，然後以刺刀準確地刺入受難學
生的心窩裏……

──「阿母喔……」高仔哀號哭泣，汗水、淚水、尿水交迸匯合滾
滾而下。

第二個受難者被「行刑」時已進入昏迷狀態，反而少受折磨，不過
刺刀戳入之後抽回到半途中，劊子手把刀鋒往下滑落，剖開肚腹，
讓紅白花色腸胃全瀉出體外……〔註87〕

這是作者以文字透過精密的細節描繪所呈現的屠殺場景，運用槍械的聲音，
人民的哀號聲，各種交錯而成的聲音刻畫出讀者腦中產生出的畫面，讀者似
乎和作者一起「親臨」這個殺戮的現場。正如宋澤萊所論及此書時所言：「李
喬的《埋冤》也是回憶構成，只不過是別人的回憶而不是他本身的回憶。就
是因為不是自己的回憶，他就必須有演員一樣的本領，以別人的回憶為劇本，
努力去模真那些角色的行動及內在感受，使自己變成回憶裡的那些角色，必
要時還要考察現場，使事件能生動逼真起來。」〔註88〕

文本的意義是通過語言這個媒介呈現，以這樣的思考對李喬的作品進行
剖析，看作者如何通過對於語言的重新編碼再現，讓語言本身就是意義的顯
現，在李喬的歷史書寫中，如《寒夜三部曲》與《埋冤》等大部頭的長篇創
作，其中語言所呈現出來的多義性之外，小說文本無疑就是一個巨大的歷史
現場。

李喬以多重的語言樣式（genre）寫出台灣被多重殖民的歷史事實。同時
也表現出「臺灣的語言問題夾雜很嚴重的政治層面的意義」〔註89〕，不同的
政權，就有不同的語言政策，而臺灣人民的組成，也是一個多元結構，他以
《埋冤・一九四七・埋冤》一書來說明語言的使用、書寫，已經具有本身顯
示的意義：

我個人的《埋冤・一九四七・埋冤》也有一個語言結構的特別用法，
我那裡面出現了福佬人講福佬話、客家人講客家話、日本人講日本

〔註87〕《埋冤・一九四七・埋冤》（上），頁195。
〔註88〕宋澤萊：〈忍向屍山血海求教訓──試介鍾逸人、李喬的二二八長篇小說〉，《台
　　　　灣新文學》11期，1998年12月，頁243。
〔註89〕李喬：《臺灣運動的文化困局與轉機》（臺北市：前衛出版社，1989年11月），
　　　　頁203。

話，還有那個年代台灣知識份子談戀愛的時候動不動就口出和歌、俳句，那個情境全部都進來了。在那個年代，台灣的社會眞實使用語言狀態是這樣的，這篇作品的語言結構，呈現了當時的社會實況，這就是語言結構。〔註 90〕

多語的書寫是作者用心的寫作技巧，但同於也是主題的呈現：「這語言混亂現象，豈不就是那個時代混亂之一環嗎？」〔註 91〕。在《埋冤》的文本中，這紛亂的語言正是對於政府的不認同表現，因爲使用原來的客語或福佬話，是放棄認同國民政府的一種表現。如：

黃色公務車快開到柯生冊住宅了。突然，柯、高兩人都感到一種奇異的氣氛——店街走廊上、亭子裏，還有很多人，還是不徐不急地移動著，可是他們就是不說話、不笑；他們還是不完全理解戒嚴的意義，雖然死了一些人，還是不完全明白處身的危險狀態吧？

「喔！聽說戒嚴——安尼，開車……」柯突生警覺：「奇險啤！」

「嗯。」高想的卻是另一狀況：「軍營前喔透路，可累，阿布奈哟（危險）！」

「可累哇……」兩人幾乎同時轉身滑下車來。柯欲言又止。

「爾最好嘸免走過去。」高說：「加嘸過……爾太太和囝仔……」

「係呀係啊！」這句話正中下懷。〔註 92〕

這是國民政府在基隆碼頭進行屠殺前一刻，兩個台灣人的對話，在對話當中，是漢音日語、客語、福佬語的交錯，表現出那個時代下人民的複雜身份，客家人以較少眾的身份進到台灣這塊土地，開始與福佬人交流，之後的日本執政與國民政府的「國語運動」等，從人物的話語中也突顯當時人民對社會經過不同執政者所帶來的極度不信任感。

從《寒夜三部曲》到《埋冤》脈絡下來的特殊語言書寫，確實爲李喬的文學帶來不少的關注，這些關注的聲音大約有幾種，作者文壇好友對於他以這樣的語言書寫，有的斥爲「怪招」，認爲這是對於語言文字的「亂搞」；有

〔註 90〕李喬講述，鄭美蓉整理：〈小說研究場域與現代文學理論譜系〉《文學臺灣》第 71 期，2009 年 7 月，頁 114。

〔註 91〕李喬：《埋冤・一九四七・埋冤》（上）自序之（二），（基隆：臺灣海洋出版社，1995 年 10 月），頁 21。

〔註 92〕李喬：《埋冤・一九四七・埋冤》（上）（基隆：海洋台灣出版社，1995 年 10 月），頁 183。

些人則努力查詢各種字典，試圖還原每一句真正的意思；還有的是「苦笑」、
「謹慎點頭」，但就一個受過嚴格語言訓練的讀者而言，自然會覺得李喬這樣
的作品是在「耍技巧」，但是，也因可能會錯過作者隱藏在多語書寫背後的，
希望透過回到當時最真實的歷史現場之後，所有人可以有一樣的認同意識，
臺灣人應該要以認同腳下土地出發的巨大主題：

> 為了不讓劉母疑懼，他又向伊再三保證──他們不是共產黨，也不
> 是「反亂」份子了，只是組織民眾，維持治安，並防止可能受到陳
> 儀軍或大陸援軍的攻擊──如此而已。
>
> 「價（那麼），共產黨得奈（不是），得宜，呢！磨（已經）安心西
> 瑪悉達！」劉母說。
>
> 「嗖嘎。哈納西哇（話是）阿諾，童卡拉（由童那邊）內？」
>
> 「哈伊──得磨（可是）……」
>
> 「俯西奇訥哇（奇怪的是），霧社磨，埔里磨，共產黨人，覓搭嘎（見
> 過嗎）？毒害煞累搭（受過）？奈搭漏（沒有嘛）！兜悉得（為何）
> 烏哇煞得（憑風聞），喲西阿西（善惡是非）喔判決之？」
>
> 「嗖得是內（是呀）！實磨（實在是）……」
>
> 「實之哇──哇達西搭即（我們），高砂……正直得，簡單得是
> 喲……」伊笑笑說：伊瑪（現在），中國、中國式呢，非常尼複苦雜
> 之！內！嗖悉得（而又），卡瓦路（變）！難磨（什麼都）卡瓦路，
> 難磨支卡碼奴（捉摸不住）──可歪喲（害怕呢！）可訥朽蓋（生
> 涯）……」……
>
> 林不覺把伊的話重複喃喃一次。他，深深地被伊，一個深山原住民
> 平凡婦人的一段話──一段生活中的「痛感」所震撼、懾服了。
>
> 這是變異如幻似電的可怕人間啊！自己，這一代的台灣子民就在這
> 世變的轉捩點上。是生是死？喔！這已然是超越生死的重大世變時
> 刻啊！〔註93〕

這裏李喬重塑了當時的語言現場，但若不是作者於日音之後加上漢語，確實會
造成閱讀上的障礙，從此段文字中可以知道，雖然日語是當時主要的溝通工具，
但人心根植於台灣是不變的，多數的人沒有因為外在語言的改變而失去對於台
灣的認同。主角「林志天」其實就是二二八事件發生當時台中二七武裝部隊隊
長「鍾逸人」。此段寫事發當時鍾逸人為了反抗當時的國民政府，欲取得更多民

〔註93〕《埋冤・一九四七・埋冤》（上），頁 389～340。

眾對他的認同，於是四處拜訪民眾並對他們說講自己的理念，藉以拉攏人心，
期待有更多人認同，進而變成更強大的力量來替無辜受害的人討公道。此處作
者以通過一個台灣平凡婦人的幾句話，加快林志天對於自己是台灣人這樣意識
的覺醒速度。李喬書中除了循著當時關於鍾逸人的史實經過呈現之外，更重要
的在於透過林志天所表達的鍾逸人，如何醒覺自己是台灣人的過程，下冊中的
「林志天」被抓進了監獄，開始了他長達十七年的獄中生活，在獄中，對於自
己是台灣人，而台灣與大陸是有所差別的個人意識醒覺。

以語言的紛亂表現當時的後殖民主題之外，還有當時人民對於這突如其
來的社會環境變化心中的焦慮感，他們在生活上的失去保障，在意識中造成
的認同意識紛亂，是一種人性中質疑自身存在感的不安，但是，這樣的境況
也是一個邁向大團結的時機，臺灣人是可以在這樣一個極壞的時代中，活出
一個屬於臺灣人極好的時代：

> 「街巷個父老兄弟出來喔！阿山仔拍死人，咱去掠兇手喔！」
>
> 「臺灣人攏走出來！出來爭道理喔！」
>
> 「少年郎攏出來喔！學長們，同ㄙㄧㄝˋ們：嘸免去學校咧！罷課！
> 罷課咧」
>
> 「各位頭家、頭家娘：今那日嘸免開店門咧！罷市！咱攏來罷市！
> 來去掠兇手！」
>
> 「各位呷頭路個兄弟：咱今那日莫去上工！來罷工！攏來去尋豬仔
> 官算帳！」
>
> 這是攝人心魂的訴求！這些呼喚好像不是出自泛泛臺灣人庶眾之
> 口，是外國雜誌報導中偶爾出現的：喔，不！不是這樣：應該是臺
> 灣庶眾深埋心底千百丈處的熾熱聲音，是靈魂深處由大盼望轉到大
> 絕望的淒厲喊叫。〔註94〕

二二八事件代表的是一個臺灣人很勇敢的年代，這是透過語言來表示日
本人與臺灣人身分的不同，直白的口語表現身分的差別，更突顯立場的不同，
而作者處心積慮帶領讀者回到歷史現場的用心，更在於讓部分對此事件誤解
的讀者，可以有機會重新認識歷史的另一個真實面，唯有對臺灣歷史有一致
的認同感，才可能會有對於根植於歷史中的文化與傳統有認同的向心力，最
後對於臺灣這一塊土地的認同感也才會一致。

〔註94〕李喬：《埋冤・一九四七・埋冤（上）》（基隆：臺灣海洋出版社，1995 年 10
月），頁 30。

第七章　結　論

　　本論文對李喬長篇小說與文學、文化論述進行全面性的觀照研究，並以短篇小說進行相互參照。是以本章將從以下兩個向度：一、從文學到對於臺灣的思考；二、從李喬的分期創作觀察李喬其人其作，作一縮束收結。

第一節　從文學到對臺灣的思考

　　從第二章開始，主要討論的是李喬啓蒙時期的深山經驗、貧苦的童年，造成他極度悲觀的個性到以手上之筆寫下記憶中蕃仔林的整體過程。而從外在的作家生平著手，觀察其跟家庭的關係，我們了解到他的父親雖然在作者的生命中的缺席，卻是影響李喬創作巨大的力量——其幼時的孤苦圖像就是父親一手繪製的。而在小說創作上，父親有著舉足輕重的影響，例如第一本以歷史素材的長篇《結義西來庵——噍吧哖事件》的寫作動機，最大的原因就是來自從小常聽父親關於噍吧哖事件的許多事情的講述，而寫作這本書之後，讓始終在文學路上追求創新的內容，創新的形式的李喬，對文學有了不一樣的深入思考，這是在寫作《恍惚的世界》一書之後所面臨的寫作瓶頸之後的突破，也是一個關鍵性的轉折點，這樣的轉折讓駛著孤舟在文學汪洋努力擺渡的作家李喬，終於找到可以停靠的港灣，這個港灣就是「歷史」，甚至可以稱爲他歷史素材小說思想歸結的代表作《埋冤・一九四七・埋冤》，促使他寫作此書的動機之一也是他的父親。從此而後，他用自己的表達方式，在臺灣的歷史當中找尋題材，或許他找到的題材是已經很多人寫過的，不過，這些文字，最後都變成的是李喬的歷史，李喬的小說，在文壇上獨樹一幟。

　　李喬生命中最重要的人是「母親」，一個抽掉愛就不存在的傳統客家女
子，母親的愛讓走在荊棘路上的他雖然雙腳鮮血淋漓，卻保有完好的筋骨沒
有傷到內在，這始終是他可以用過人的意志力不斷繼續創作的另一個重要力
量，而「母親」的意象，在他的創作中，也從有形體的母親變成故鄉的象徵，
再到更大的人類賴以為生的土地。李喬在求學時期，受到兩位老師的啟發，
其中一位吳老師是印順法師的弟子，李喬受其啟發，曾經想背起行囊隨吳老
師的腳步出家去，後來是母親的眼淚將他留下，是母親將自身的愛遺傳給李
喬，並以愛教導他，讓他也變成一個充滿愛的人，這在李喬的文學表現當中，
是相當重要的。

　　另外，在童年時期影響他最大的就是他在作品中常提到的唐山人「阿妹
伯」與泰雅族老酋長「禾興」，此兩位是李喬童年時期的精神導師；求學時期
的兩位老師，學西洋哲學的吳老師與專攻近體詩的周老師，更是對於李喬的
根本思維，起了最大的影響。

　　這些人，都是李喬尚未成為今日的李喬時，存在他背後的無形推手，因
此研究一個作家時，他的生平創作歷程是不可缺少的，因為家庭教育會影響
一個人的生命氣質，尤其是像李喬擁有這麼敏感個性的人，學校教育更是塑
造個人思考的重要過程，正如作者自己所言：

　　　　我個人認為，一個寫作的人會自成風格是受幾個重要因素所影響，
　　　　其中包括成長過程中的社會、經濟及文化條件。我從個人的作品中
　　　　檢視自己的痕跡，發現要了解一個人的作品，必須從作者的成長歷
　　　　史背景去找尋，以了解他的社會、經濟及文化背景，在分析長篇小
　　　　說時這種情況尤然。因此，對我個人的交代，是有必要的。〔註1〕

因此，從幼年的個性養成，加上成長過程時的環境，在在影響著一個作家的
寫作風格，也因為如此，雖然同時期作家在面對大環境時反映社會現象的創
作題材可能相同，但從每個作家筆下呈現出來的作品因而有差異，所以從作
家生平的外緣研究是必要的。

　　由第三章對於李喬的「反抗哲學」中所得的結論是，李喬筆下的反抗理
論是書寫自成一家，有其自己對於生命關懷、社會國家關懷的概念在其中。「反
抗」是當代臺灣文學書寫中重要的特色之一，在許多的作品當中可以看到「反

〔註1〕李喬：〈一位臺灣作家的心路歷程〉《李喬短篇小說全集》資料彙編，（苗栗：
　　　　苗栗縣立文化基金會，中華民國89年1月），頁46。

抗」這樣的特色在作品中呈現，但李喬對「反抗」有自己界定，和其他作家不同的定義，他從界定「反抗」與「反叛」兩詞意義的差別界定中出發，並舉出相當多的例子來說明這兩個詞的不同之處，爲的是告訴讀者自己的小說裡面所講的是「反抗」而不是「反叛」。

接著再從我們生活的物理結構，來說明基本上人的生存是存在於一個反抗結構中，人要與自己的內在抗爭，也要不斷的與外在環境抗爭，人的存在本身就是一種痛苦，李喬說，「動」本身就是一種存在，一種痛苦，想要完全永久解除痛苦的狀態，是不可能的，只能透過不斷的反抗來獲得短暫的平衡。而在李喬的作品中，可以看到他從人的生命根本出發的思考進行創作，說明當人沒有「反抗」動作時，基本上這個人就是不存在的，他以簡單的例子來進行說明，例如，當我們感覺寒冷時，我們要與寒冷對抗，所以會想辦法提升自己的溫度，要有多加衣服等的動作產生。

最後，將「反抗哲學」落實到人所存在的社會關係中來說明，「反抗」之於台灣有更深一層的意義。藉由以存在論與本體論出發的反抗理念，與社會中具有政治意涵相互結合，「政府與人民間，也是一種力量均衡的關係（也是一對應反抗狀態）」〔註 2〕，呈現其對於臺灣這一塊土地的主體意義的概念，這時，反抗作爲一種政治實踐、追尋主體性的理念基礎，並將這樣的反抗行動，指向「莊嚴高貴」，落實在人的反抗意念與行動上，其中，可以釐清李喬在「反抗概念」整體思考與落實的過程，而他所建構的「有高度」的文學正是一條可以通往他文學世界重要的道路之一。

在關於歷史的書寫與思考的方面，李喬的寫作歷程裡很早就已經顯示出這樣的特色。在「臺灣意識」的發展似乎已經達到一個高峰的狀態，許多臺灣作家有志一同的往歷史去尋找寫作的材料，藉由寫作，以作家之筆建構以臺灣爲主體性的認同意識，由於以臺灣歷史作爲寫作題材，是從「臺灣作家」立足出發的一個普遍現象，當同一時期甚至前後時期的作家，皆往臺灣歷史去尋找寫作題材時，這些歷史事件對於李喬而言，具有影響他一生思想的重要性，本文除了以專章專節來說明「歷史小說」與「歷史素材的小說」之間的區別之外，並以其作品印證這樣的創作特色：李喬閱讀大量的歷史檔案，並實地去田野調查，收集資料，創作者以自身的角度再次重新詮釋，並將重

〔註 2〕李喬：〈反抗哲學〉，《文化‧臺灣文化‧新國家》（高雄市：春暉出版社，2001年 3 月），頁 274。

點放置在這些所謂文本所延伸出來的背後意義。就在反覆於歷史的重現建構與想像虛構中，在眞實歷史的書寫空隙裡，以自身想像塡補縫隙，重構李喬心中想像的歷史，屬於個人的歷史。作者利用歷史事件創作的背後，其眞正想表現的意涵所在是透過歷史事件的書寫，顯示對於殖民之後的歷史思考與闡釋自身的生命觀與歷史觀。

　　李喬文學思想在經歷歷史素材的創作之後，與個人生平思考的歸結呼應，再結合其文化相關論述著手，以文化根植於土地爲基礎概念，說明土地與主體性結合。短篇小說如〈那棵鹿仔樹〉、〈會晤〉、〈秋收〉等，在內容的呈現中，多有對於農村農民土地的失去，工廠林立，青年往都市流動的情節，這些都是因爲臺灣文化產生變化而出現的社會現象；這也正是作者從社會生活出發的對於文化的思考。另外從歷史出發與文化思考相結合的文學創作如〈小說〉、〈告密者〉、〈泰姆山記〉到《寒夜三部曲》等，是作者試圖喚醒共同的台灣記憶，邁向命運共同體的觀念，其中以母親與土地的相互連接的意象呈現，是「台灣主體性」的追尋過程的概念建立。此外，其以台灣的歷史爲經線，寫出當面對歷史大的變故，台灣人民的反應，透顯出歷史的悲情，但也從悲情、黑暗感傷的氣氛中，釐清台灣未來的方向，從自我身分的認同追求，到臺灣人集體的認同意識，在臺灣土地上找尋台灣再生的力量。臺灣不再只是個「他者」，而是一個獨立的自我——以臺灣獨特文化出發的獨立自我。

　　在對作家全面性的關照的過程中，對其書寫的技巧實爲不可忽視，由作者的自白可以知道他相當重視書寫技巧，對於追求新的創作手法最初是受到美國作家威廉・福克納的影響，在創作了許多作品之後，他嘗試著以不同手法表現不同題材的創作，逐漸形成李喬特殊的個人風格，其中「後設理論」的書寫，在李喬的作品中，產生了許多不同的變形，不管是從小說人物出發的敘事視角出發，或是作家自己在文本中的位置，都是作者針對不同題材所表現的不同寫作手法，被是爲長篇小說創作的《重逢——夢裡的人：李喬短篇小說後傳》一書，更是一本以作家親身回到曾經出現在他筆下的小說中的人事物，進行「多年後」的訪談和梳理的力作，如從後設理論的創作觀點來看，此書可以說是將此理論發揮的淋漓盡致的一本小說，而作者對文本來說成爲一個無所不在的鏡頭，也讓我們感受到作者一種至高無上的所在位置。

　　雖然，李喬目前仍然努力的在創作，不久的將來，必定會有新的作品問世，而已經發表的作品計有兩百多篇短篇小說，十二部長篇小說，以及七部

文化相關評論專書。作者曾在一九八一年的〈繽紛二十年〉〔註3〕一文中，首
次對於自己的寫作歷程做分期，將一九六二年到一九八一年約二十年的創作
時間分爲三期，一九六二年到一九六七年爲「摸索期」，此時期的作品主要皆
爲短篇小說，而作者也是於此時立志將創作做終身的努力目標；第二期從一
九六八年至一九七六年，作者自稱此時爲其短篇小說的「全盛時期」，在這段
時間所發表的小說數量爲最多。其中所處理的題材與書寫技巧的使用，亦正
處於一個「動搖」、「分化」時期，所謂「動搖」與「分化」約可從題材內容
與書寫技巧來觀察，正說明作者所處理的題材漸漸豐富，不再僅限於從童年
的記憶出發，而是對於社會生活的現實層面有較多的關注；並開始重視不同
技巧在作品中的表現，而爲了走出一條屬於自己風格的路，作者「開始在作
品中轉彎扭曲，變形，改換形式，化裝演出」〔註4〕，這是很重要的一個轉變，
因爲如此追求題材與形式的變化，幾乎成了李喬之後寫作的重要特色。而一
九七七年到一九八一年是第三期，此時期正是作者一頭栽進個人第一部眞正
的歷史大書《寒夜三部曲》的寫作中，此部關於臺灣歷史的長篇，奠定李喬
在文壇上的重要地位。此三段分期，是李喬當時對於自身二十年的創作分期。

　　另外，在一九八九年的〈我的文學行程與文化思考〉〔註5〕一文，是在〈繽
紛二十年〉一文的基礎上，將自身的創作歷程分爲四個時期，前三期與〈繽
紛二十年〉中的分期相同，第四期爲一九八二年到一九八九年約十年間的創
作，是作者退休後專事寫作的時期，以長篇小說創作爲主。以下筆者即嘗試
在作家自己的分期基礎上，以其作品爲主要分析對象，並結合寫作時的社會
環境，從中釐析李喬寫作過程的各個轉折點與每個時期的特色所在，試圖進
行最切合的分期來當作本論文對於研究李喬超過半個世紀創作的心得。

第二節　李喬小說創作的分期

　　李喬曾經在一九八四年提到，從一九四五年到一九八四年止，臺灣最近
三十年的小說創作的概況，其中他以六大類來概論臺灣小說創作的表現：1、

〔註3〕李喬：〈繽紛二十年〉《李喬短篇小說全集》別冊資料彙編（苗栗：苗栗縣立
　　　文化基金會，中華民國89年1月），頁32～42。
〔註4〕李喬：〈繽紛二十年〉《李喬短篇小說全集》別冊資料彙編（苗栗：苗栗縣立
　　　文化基金會，中華民國89年1月），頁37。
〔註5〕李喬：〈我的文學行程與文化思考〉《臺灣文學造型》（高雄市：派色文化出版
　　　社，中華民國81年7月），頁339～351。

－251－

「流離苦難」爲主題。2、政治小說。3、關於省籍處理的小說。4、鄉土性小說。5、現代主義及現代意識小說。6、鄉土小說。〔註6〕作者也通過「探討生命」這樣的主題將自己的小說作品分成主要的兩大類：

> 我將自己的小說分成兩類，一是形成鄉土意識、社會意識，以抗議性爲主題的系列小說，包括「寒夜三部曲」、「人球」、「尋鬼記」、「孟婆湯」等。另一系列，是探討生命之苦，和對生命情調的描摹，其中包括「大蟳」、「修羅祭」、「痛苦的符號」等。〔註7〕

論者鄭清文亦曾言：「臺灣文學的特色是，鄉土，寫實，反抗，歷史。臺灣的許多文學家，大致是依著這些特色建立臺灣文學」。

綜觀臺灣文學的概況，作家的作品表現部外乎是自己生命經驗的記憶、社會大環境的現實反映與作家的思想意念的歸結三大方面：第一期：1962 年至 1967 年。此時期爲作家的「摸索期」，主要以短篇創作爲主，一共發表了中短篇小說 69 篇，散文 5 篇，其中在小說部分未發表者有 6 篇，所以目前可見者爲 65 篇。此時期的創作大約從自身的經驗出發，所寫的以作者身邊熟悉的人事物爲主，其中比較重要的作品有著力於書寫失去的土地的痛苦的〈苦水坑〉，並獲得了 1963 年元月「自由談」徵文首獎的殊榮。1964 年，〈烏石壁〉獲得「幼獅文藝」學藝競賽首獎，寫的是一位老兵思念家鄉的心情。此外，〈飄然曠野〉全文以「意識流」筆法寫成，是被討論最多的作品之一。此時期的作品量漸漸增加，也開始嘗試不同的題材內容與寫作形式的表現，可以看到作家對於自我風格形塑摸索的過程。

第二期：1968 年至 1976 年。此時期可稱爲「豐收期」，一共發表了 79 篇中短篇小說，二部長篇小說《山園戀》、《痛苦的符號》，一篇劇本《羅福星》，一篇散文〈與我周旋寧作我〉，一篇漢詩〈散步濁老雜歌各二絕〉。此時期最重要的一件事就是在 1968 年，作者以深刻描寫對故鄉強烈眷戀之情的小說〈那棵鹿仔樹〉獲得了「臺灣文學獎」，這個獎項是作者相當重視的獎之一，也因此爲他的創作之路帶來莫大的鼓舞。其中在 1968 年一年之內李喬就發表了 20 篇中短篇著作，這是一項特別的創作紀錄，標示著作家創作的全盛時期。對

〔註6〕以上分類參考李喬：〈一位臺灣作家的心路歷程〉《李喬短篇小說全集》資料彙編，（苗栗：苗栗縣立文化基金會，中華民國 89 年 1 月），頁 43～45。
〔註7〕〈一位臺灣作家的心路歷程〉《李喬短篇小說全集》資料彙編，（苗栗：苗栗縣立文化基金會，中華民國 89 年 1 月），頁 51。

一個作家而言，就創作的量來看，可以說是已經到達一個相對成熟的境界，同時從這些作品中，我們更可以發現出作品主題的轉向，此時期的作品顯示不同的發展方向：從以童年故鄉為書寫背景轉向以現實社會為主的書寫，在技巧的使用上也運用著新的書寫技巧如心理分析等。此期，籠罩在這個以反映現實社會和生活的篇章大致有〈故鄉、故鄉〉〈兩座山〉〈四十歲的球〉〈裸裎的夢〉〈一種笑〉〈蜘蛛〉〈飛翔〉〈今天不好玩〉〈人球〉〈婚禮與葬禮〉〈兇手〉〈修羅祭〉〈我不要〉〈捷克・何〉〈大蟳〉〈孟婆湯〉〈火〉〈恍惚的世界〉等。這些篇章幾乎有一個共同的特點，就是一方面取材於現實社會，一方面在文本中卻是以各種不同的手法呈現，例如〈今天不好玩〉是以一個智能不足的兒童為主要視角；〈婚禮與葬禮〉是一篇沒有人物出現的小說，這些特殊寫法的作品，確實異於同時期的文壇作家，這個時期亦是作家逐漸將寫作觸角延伸至寫作長篇的時期。

　　第三期：1977 年至 1981 年。此時期可稱「轉向期」，亦即將書寫重心轉向長篇書寫。共發表了 10 篇短篇小說，2 篇中篇小說〈強力膠的故事〉〈山河路〉，5 部長篇小說《結義西來庵——噍吧哖事件》《青青校樹》《寒夜》《孤燈》《荒村》，散文〈窮山明月〉，札記〈繽紛二十年〉等。此時期對作者來說是將寫作轉向另外一個境地，就是關於歷史素材的書寫。以臺灣的歷史脈絡來看，這幾年也正是臺灣經歷大蛻變的時期，如 1977 年文壇上發生的鄉土文學論戰，是一個影響相當深遠的事件，這場論戰表面上是關於臺灣文學寫作方向的討論，但實質的影響卻超出文學範疇，甚至擴及到臺灣的思想與文化領域以及整個社會，不過，在論戰之後，也讓許多文學作家，因此有對台灣這一塊土地的進一步思考，因而寫出以臺灣立場出發，關懷人民、社會與土地的作品。李喬置身於這樣的環境中，加上對於臺灣歷史深入理解之後，對於臺灣歷史事件對社會帶來的改變與影響，從個人意識出發的反省思考與自覺醒悟的腳步自然加快許多，這是李喬個人意識的轉變過程，由個人對於臺灣這一塊土地的情感，擴大到所有臺灣人民與臺灣這一塊土的結合的集體意識，是個人的小情小愛，轉向對於國家意識的大情大愛，這樣的思考，表現在李喬將文學與歷史的結合上，文學可以是對於歷史的一種解釋，其中也寫出作家對於歷史事件的個人解讀與蘊含在其中的情感表現，這也就是作者常提到的「激情」（passion），是個人生命的激情，也是對於寫於寫作的激情，到對於社會國家土地關懷的激情，而這些也通通變成作者寫作的動力。

　　第四期：1982 年至 1987 年。此時期可以說是李喬對於文學抽象思考的「沉澱期」。1982 年是李喬從教職退休下來的一年，在身體與心理完全自由的時期，他的生命和生活進入另外一個階段，開始回頭思考之前提出的一些較爲抽象的想法，如佛理與反抗哲學，在沉澱的過程中，決定將抽象概念具體化，因此出版了兩部長篇小說《情天無恨——白蛇新傳》與《藍彩霞的春天》，前者是佛教思考的具體呈現，後者則是反抗哲學的具體實踐。此時期共發表了 16 篇短篇小說，與前面提到的兩部長篇，而此時期的短篇小說，是作者在咀嚼臺灣歷史時的間接產物，透露出對於臺灣政治思考的面向。

　　第五期：1988 年至 2001 年。在經過文學創作與自身抽象思考的沉澱，李喬將抽象思考落實於文學創作的具體呈現，這是對於文學道路上階段性的任務。接下來作家進入對於臺灣人，臺灣社會，臺灣前途的「反省期」。在這個時期，熱情積極的李喬當然不會只甘於靜靜的反省，他將反省的過程化諸文字的呈現，因此出現相當份量的文化評論作品。他要讓臺灣人民都可以看到這些文化評論作品中不只有反省而已，更重要的是作者還指出未來前進的道路：《臺灣人的醜陋面》、《臺灣運動的文化困局與轉機》、《臺灣文學造型》、《臺灣文化造型》、《文化心燈》、《文化‧臺灣文化‧新國家》，在思索臺灣人的未來的過程中，他看到了臺灣人根本的問題所在，他先指出他所觀察到的問題，再進一步思考提出如何來解決這些問題的方法，試圖爲臺灣人的未來指出一條美好可行的道路。在李喬眾多的小說與文學文化相關的評論中，可以看到李喬「轉向」的軌跡，從中亦可離析作家爲何將寫作這艘大船，停在臺灣歷史書寫的港灣，而從歷史中的反省，李喬知道歷史與政治的無法分割，因此，此時期的四篇短篇小說〈死胎與我〉、〈第一手資料〉、〈主席‧三角街〉、〈耶穌的眼淚〉四篇都是有著濃厚政治意味的小說，是李喬反省思索臺灣前途的感觸而發的相關作品。另外，他於此期完成了長篇歷史政治鉅作《埋冤‧一九四七‧埋冤》。

　　第六期：2002 年至今。此時期是李喬的「活躍期」，他的作品受到越來越多的關注，獲得無數的重要文學獎項，包括：2006 年獲「國家文化藝術基金會」第十屆「國家文藝獎」（文學類）得主；2007 年與鍾肇政同時獲頒首屆「客家貢獻獎」之「終身貢獻獎」與新竹教育大學的「傑出校友獎」；2010 年獲頒靜宜大學第一屆「蓋夏論壇大師講座」與眞理大學第十四屆「台灣文學家牛津獎」。而他也開始參與許多社會的活動，如從 1998 年至 2006 年這段時間，

李喬在大愛電視台主持「大愛客家週刊」節目、公共電視台主持「文學過家
——說演劇場」、客家電視台主持「客家心客家情」、「圓桌五士打嘴鼓」、「非
常短評」、「李喬現場」等節目，是一個在臺灣社會上活躍的作家，即使如此，
他在創作上也並未缺席，此期有 6 篇短篇小說，三部長篇《重逢——夢裡的
人：李喬短篇小說後傳》、《格里弗 long stay 臺灣》、《咒之環》；散文〈庭園的
木瓜〉；劇本《老臺灣‧新國家》以及客語電影劇本《情歸大地》；文化論集
《李喬文學文化論集（一）（二）》兩冊。

　　當然，對一個作家進行分期需要考慮的層面有很多，尤其像李喬這樣多
產、精彩並仍持續創作的作家，或許現在預言李喬文學的歷史地位還是早了
一些，只是透過對於李喬文學的爬梳以及觀看作者如何建立自己文學王國過
程的心得呈現，能讓我們更貼近這位對台灣文學卓有貢獻的作家。

　　李喬一生為關於台灣這塊土地的文學界貢獻了極大的心力，並以寫作臺
灣，以文化反省臺灣為一生職志。他的作品讓更多的台灣人瞭解本土的歷史
文化，希冀可以激發催化生長於這片土地所有人民的愛國情懷，同時他也長
期關心台灣的人權運動，並且自己亦積極投入實際真正的行動當中，希望以
此促進各族群間的尊重與合作，是位關懷台灣本土文化的作家。李喬曾對於
自己的文學觀做出以下的說明：

> 文學是唯一進入人性裡面研究人的學術。文學作品，客觀言之，是
> 愛與悲憫的結晶；主觀言之，是作者人格的符號，生命的縮影。文
> 藝是語言文字的藝術。作者必須鍛鍊成一種絕對適於自己的語言文
> 字，用以表達其對於人生、人性最洞澈的了悟與解釋。這是文藝的
> 極致，也是這位作家人格與文格合一，也是生命的極致境界。〔註8〕

李喬的創作作品融入了他最熟悉的故鄉，描繪出他印象深刻的童年回憶，讓
讀者與李喬有更進一步的接觸；另外他也以關懷社會的角度，呈現出小人物
的奮鬥與無奈，引起讀者切身的共鳴。他對於社會大眾的關懷與整體台灣環
境的脈動如實的表現在他的創作品中，在二百多篇的短篇小說裡，他關心貧
困的鄉下村民、失業的山地青年、吸食強力膠的學子、精神失常的瘋癲者、
只能靠肉體維生的雛妓、政治壓迫下的受害者……他將小說的視野拓展到社
會的每個角落，期望藉由他的筆引領更多人付出關懷，為這個社會貢獻更多
關愛。

〔註8〕黃武忠〈人性探討者——李喬訪問記〉《李喬短篇小說全集資料彙編》，頁309。

　　李喬對於這片土地的熱愛表現在他的作品、他所參與的社會運動之中，他將內心對於家鄉的眞摯情意毫無保留的投注在這片孕育他成長的大地，王昭文曾在〈追尋台灣的心靈——拜訪李喬〉一文中提到：

> 他認爲以台灣爲主體的思考方式、對台灣的認同，是這塊土地居民
> 肯定自己、認識自己的起點。沒有這種認同，人的思想與心靈便會
> 飄飄蕩蕩，無法前進。〔註9〕

李喬對於台灣這片土地的認同，早就紮根深植於他的心中，他認爲在這片土地生長的人民，更應該肯定認同自己的家鄉，因此他的文學創作從家鄉出發，作品取材自這片大地，終其一生投入無盡的心力在這塊土地上，未來，相信李喬仍然會繼續堅持他的理念，持續爲這塊美好的土地奮鬥、奉獻。

〔註9〕王昭文〈追尋台灣的心靈——拜訪李喬〉《李喬短篇小説全集資料彙編》，頁
　　313。

附錄一：李喬短篇小說年表與提要

　　本表格以李喬短篇小說為主，依照發表時間先後進行排列。內容加上「主角」與「提要」簡介，並於「主題」欄位中說明該篇小說類型，目的在於釐清「鄉土」與「歷史」題材的寫作範圍，主要參考資料有：

1. 李喬：《李喬集》，台北：前衛出版社，1993 年 12 月。
2. 紀俊龍：《李喬短篇小說研究》，逢甲大學中國文學研究所碩士論文，2003 年 6 月。
3. 許素蘭：《給大地寫家書──李喬》，台北：典藏藝術家庭出版，2008 年 12 月。
4. 台灣客家文學館網站，網址：http://literature.ihakka.net/hakka/author/li_qiao/default_write.htm。

西元	出版時間	年齡	作品名稱	發表刊物	主　角	提　要	主　題
1958		25	晚霞・上				散佚
1959	8月15日	26	酒徒的自述	《教育輔導月刊》，九卷八期	俊民；南湖國校三個月短期代課教師	面對家庭經濟壓力，以酒來自我麻醉。（結局：看似落入無止盡的貧窮循環。）	鄉土（苦難、救贖）
1962	4月21日	29	心魔	《大成青年》			散佚
1962	5月10日	29	二哥	《兒童天地》			散佚
1962	6月18日	29	前塵	《苗栗青年》	女教師「英兒」	以女生視角出發，以「自言自語」式的書寫技巧，呈現女主角出嫁之前內心種種的紛亂。「英兒」是母親與「圓瑞伯」外遇生下的私生女，長大後當老師的英兒	鄉土（小人物的愛情）

							愛上有婦之夫「劉民」，英兒的母親害怕女兒步上自己的後塵，所以將她許配給不認識的「陳玉財」。	
1962	6月24日	29	香茅寮	《台灣公論報副刊》	阿祥伯（製作香茅油）	阿祥伯與年輕妻子阿粉的愛情故事。	鄉土	
1962	7月28日	29	代用教員	《台灣公論報副刊》	代用教員「我」	代用教員的心酸史。似李喬自身經歷眞實呈現。（結局爲主角「我」仍難逃「代用教員」魔咒。）	鄉土（痛苦）	
1962	8月22日	29	入贅之夜	《台灣公論報副刊》	阿英	阿英的招贅之夜，內心仍想著愛的人。現實社會中愛情與生活無法同時擁有，只得捨棄愛情的無能爲力。	鄉土（屈服現況）	
1962	9月14日	29	賣藥的人	《台灣公論報副刊》	第三人稱「他」，一個揹著藥箱子沿街叫賣的未婚年青人。	類似黃春明的兒子的大玩偶情節，爲了愛人「小玉」必須拋開個人的自尊沿街叫賣，承受人生中的無奈。	鄉土（苦難）	
1962	10月14～15日	29	阿妹伯	《中央日報副刊》	第一人稱「我」	作者李喬兒時生命經驗，「阿妹伯」是生命中影響他最深的人之一。	鄉土（反抗）	
1962	12月30日	29	喜貴嫂	《中華日報副刊》	喜貴嫂	以「倒敘」手法呈現喜貴哥因爲誤會自己的老婆有外遇而放蛇咬死自己的老婆「喜貴嫂」。	鄉土（愛情）	
1962		29	相思林的故事	不詳			散佚	
1962		29	渴	不詳			散佚	
1962		29	垂淚記	不詳			散佚	
1962		29	光和影	不詳			散佚	
1962		29	蒼蠅‧長蟲	不詳			散佚	
1963	1月1日	30	苦水坑	《自由談》	第一人稱「我」（阿強）	「我」因爲颱風失去賴以生活的土地，只好與同年去採煤，爲了多賺養家的錢，咸少回家，後來同年受傷，「我」叫老婆幫忙照顧，卻導致老婆跟著同年私奔了。	鄉土（失去土地的苦；對於淡然生命的醒悟）	

1963	3月5日	30	報復	《聯合報副刊》	雜技表演者「阿超」	在一次表演當中，人群裡有人懷疑阿超作弊，勾起阿超受委屈的記憶，忿而向懷疑者報復，以鐵條插懷疑者的腳以報復。	鄉土
1963	3月5日	30	牛・老・大	《中華日報副刊》	牛老大	金門軍營中的故事。	鄉土（作者亦有到金門當兵的經驗）
1963	4月14~22日	30	桃花眼	《中華日報副刊》	李喬的化身「阿喬仔」	阿喬仔是茶園的繼承者，透過一雙桃花眼的「阿秀」想到兒時喜歡的阿華姐也有一雙桃花眼。年青時的愛情故事。（以時間夾敘手法）	鄉土（愛情、反抗、救贖）（部分情節在《孤燈》中出現「阿華」一角）
1963	5月28日	30	歷險記	《中華日報副刊》	採木工人申克文	面臨失戀的申克文，同事李廣帶他去尋求慰藉，沒想到挑中的妓女竟是自己的母親。	鄉土（愛情）（特殊的母親形象——妓女）
1963	6月1日	30	山蘭花	《教育輔導月刊》	偏遠教師古雨人	以山蘭花帶出學校派系問題，也直接影響當地的學校與學生。（結局：兩方言和）	政治
1963	6月22日	30	小京園	《中央日報副刊》	第一人稱「我」（鐵龍）	以「我」之口，講「義父」的故事，主軸為傳統戲曲的沒落。	鄉土
1963	7月7日	30	全體肅立	《徵信新聞・人間副刊》	「我」老師；私生子	以「我」一個人自言自語式的表達看似混亂的意識。	（校園故事：自憐自艾的小人物故事）
1963	7月27日	30	噩夢	《中華日報副刊》	以「柳嬡嬡」女性視角出發	道出女性渴愛的心聲，題名為「噩夢」是女主角渴望與男友進一步的愛情的同時，女主角在半夢半醒之間遭到性侵，心中最深的吶喊，希望那個人就是自己的愛人，但事實卻是愛人發生車禍躺在醫院	小人物的愛情故事
1963	8月9日	30	愉快的故事	《中華日報副刊》	三十歲的小職員「李南朋」	與老婆關係不佳，暗戀學校的另一同事，在一次夢囈中喊出暗戀對象的名字，造成妻子的誤會，後因女兒的一個	小人物的家庭故事

						小小意外，意外得知愛戀對象已有未婚夫，並且沒有將他放在眼中，與妻子的關係冰釋。（美好的結局。）	
1963	9月24日	30	山之戀	《中央日報副刊》	醫學系學生阿喬	平地醫學系學生與原住民女孩的相戀故事，呈現一般世俗的族群看法與隔閡，結局是愛情的力量戰勝族群間的隔閡。	平地居民與原住民的戀愛故事。
1963	9月24日	30	誓	《中華日報副刊》	阿登婆	將所有積蓄一萬元借給鄰居進財周轉，對方卻不認帳，只好到城隍爺面前發誓，故事結尾指出事情的眞相。	鄉土
1963	11月11日	30	拜拜	《中華日報副刊》	雞販王阿統（阿統伯）	住在文昌廟邊的阿統伯一人撫養孫女，告訴孫女她的父親已經去世，母親也不會回來了，但在一年一次的大拜拜中，精神異常的兒子卻出現在人群中，阿統伯心中感嘆自己是被神明遺忘的人。	小人物的家庭故事
1963		30	環環的惡夢	不詳			散佚
1963		30	摩托車的風波	不詳			散佚
1963		30	幻象	不詳			散佚
1963		30	錯錯錯	不詳			散佚
1964	3月1日	31	創記錄的人	不詳			散佚
1964	3月1日	31	故鄉・明月	不詳			散佚
1964	4月11日	31	晴朗的心	《中華日報副刊》	小娟	在未婚夫死後發現自己竟懷孕的小娟，在父母的主張下逼得自己躺上手術台準備做人工流產，恍惚之中似乎看到未婚夫的身影，最後選擇逃離手術台。	小人物的愛情故事
1964	5月26日	31	天有二日	《青年日報》			散佚
1964	5月26日	31	天來嫂	《聯合報副刊》	天來嫂（阿彩）	阿彩丈夫天來因意外失去下半身，長輩	小人物的家庭故事

						要將天來嫂改配給大叔子天祿，阿彩的內心受著道德的煎熬。	
1964	5月28日	31	月光下	《中華日報副刊》	男生視角「唐」	單親爸爸帶著兩個女兒與對門的做著出賣自己肉體工作的單親媽媽之間，若有似無的曖昧情愫，兩人的感情無疾而終。	小人物的愛情故事（「月光」在文章中有許多象徵意象。）
1964	7月21日	31	債	《台灣新生報副刊》	以「我」滿叔的大姪女視角，講滿叔和滿嫂的故事。	滿叔和初戀情人的感情因為滿叔當兵而沒有結果，服完兵役之後，滿叔娶了小七歲的學生，因為欠了初戀情人的情債，差一點毀了自己現在的生活，最後是與滿嬸和樂生活的圓滿結局。	感情的苦難（情債）
1964	10月23日	31	報到	《中央日報副刊》	退休女教師「方瑄軒」	公立學校退休老師轉到私立學校任教的故事。	校園故事（老師）
1964	10月29日	31	烏石壁	《幼獅文藝》	烏石壁新村村長「周康」	過度思念家鄉的周康，在夢遊時將烏石壁的大梨樹當成思念的人，最後靠著村人的合力幫忙，醫好了他的夢遊症。	老兵的故事
1964	12月10日	31	兇手	《台灣日報副刊》	沐大夫	沐大夫一次將五個月大的胎兒肢解後，突然看見嬰兒眼眶裂開，之後的手術都感到不自在，最後一次是幫自己的太太拿掉小孩，終於無法克制內心的壓力而發狂似的喊著自己是兇手。	專為人墮胎的醫生故事
1964	12月12日	31	夢與愛	《中華日報副刊》	女子「我」（南玉）為書寫視角	以書「信」的方式講自己的愛情故事，文中呈現悲觀的人物性格，以離婚無收場。	師生戀
1964		31	關於奶子	不詳			散佚
1964		31	心燈	不詳			散佚
1965	3月1日	32	鱒魚	《中華日報副刊》	男子視角「我」	藉由與好友在深山中釣魚，途中多有「我」的內心感觸，部分內容以詩化式	抒發作者自我的想法

						的語句呈現，以我爲視角出發，內容多有作者對於自我、寫作與社會的想法，是作者之後許多篇章的基礎。	
1965	4月1日	32	德星伯的幻覺	《台灣文藝》	德星伯	老實的德星伯遭到覬覦媳婦的癩頭義陷害，因此產生幻覺而自殺。	小人物的家庭悲劇
1965	4月1日	32	採荔枝	《中華日報副刊》	阿元婆（阿春）	荔枝樹是連接阿元婆年輕時美好記憶的重要橋梁，它記錄了阿元婆一家的興與衰。	小人物家庭興衰故事
1965	4月15日	32	太陽王	《中央日報副刊》			散佚
1965	5月4日	32	痾屎嚇蕃	《台灣公論報副刊》			散佚
1965	5月8日	32	阿鳳嬸	《自立晚報副刊》	阿鳳嬸	老公死的早，阿鳳嬸以當鄰居奶媽養活自己的兩個女兒，但女兒卻輕視自己的身體。	小人物的家庭故事
1965	6月1日	32	鬼纏身	《文壇》	說故事者「我」	以「說故事」的方式起頭。故事內容爲：因爲受到香茅寮老闆田木庭剝削的癡傻長工腌旺仔的自殺事件，讓田木庭發生疑似被腌旺仔鬼魂纏身的事，還因此燒了自己的香茅寮。	現世報
1965	6月25日	32	床前	《台灣新生報副刊》	李喬的化身「泉水」	一個體會「樹欲靜而風不止，子欲養而親不待」的兒子的心情。	李喬母親的故事。（李喬先生的母親於 1965 年 4 月 8 日去世，見《書簡集》p.16）
1965	6月25日	32	心語	《徵信新聞・人間副刊》			散佚
1965	7月20~21日	32	橋下	《中央日報副刊》	大學畢業的高材生夏理	在愛情中受到挫折，在入伍前到工地做粗工尋找人生的另一層意義，卻遇大洪水，直接投身滾滾的河水中救人。	凸顯人性的光輝
1965	8月15日	32	飄然曠野	《徵信新聞・人間副刊》	男生視角「我」	藉由與女朋友薇薇的對話，抒發內心擔心母親的病情。	似李喬個人的心情抒發

1965	8月26～27日	32	心刑	《中華日報副刊》	張伯泉	年輕時的張伯泉因為外遇與妻子離婚了，妻子帶走小女兒，自己則照顧大兒子，無奈失去母愛的兒子，無法接受後母，從此變成一個學校與警察頭痛的人物，結局是張伯泉趕忙南下處理兒子械鬥傷人事情，卻在兒子學校門口附近發生嚴重車禍，本可救回一命，但因無法接受兒子真的傷人一事而過度激動失去了生命。	小人物的家庭悲劇
1965	9月1日	32	敵人	《幼獅文藝》			散佚
1965	10月1日	32	阿壬嫂這個人	《台灣文藝》	阿壬嫂	改嫁給阿壬的月桃，帶著拖油瓶明峯，因為心中始終想著明峯是阻礙他跟阿壬感情的絆腳石，竟然開始幻想要至明峯於死地，過大的精神壓力真的把阿壬嫂逼瘋了。	小人物的家庭悲劇
1965	10月30日	32	多心經	《中華日報副刊》	慧修師傅(葉阿梅)	修行六十年的慧修師傅，回想起自己年輕時的記憶，在偶然機會裡，得知曾經背叛自己的丈夫居然在找她，她毅然斷了自己可能會被他找到的唯一機會。	修行尼姑的故事
1965	11月1日	32	川荣牛肉麵	《徵信新聞‧人間副刊》	鄉下人老吳	以小人物表達自卑。	小人物的悲哀
1965	11月13日	32	歸	《中華日報副刊》	男子視角「姚志田」	一個被妻子背叛卻走不出苦痛的男人，要到妻子的娘家找妻子與女兒，以中間經歷險困的地形凸顯男子心中的矛盾與惶恐。	小人物個性的執著
1965			毒書生	不詳			散佚
1965			畫像	不詳			散佚
1966	2月16日	33	羊仔的變奏	《自由青年》	街頭混混弔仔與羊仔	隱藏在人性背後真實的空虛與迷惘。	人性的道德感與光輝（鄉土）

1966	4月18〜19日	33	山上	《中華日報副刊》	男子視角「何亮」	何亮挪用公司公款潛逃，逃跑途中遇見一位為了保住自己的利益不得犧牲他人的自者，何亮假裝與他合作，後將他踢出車外。	人性的道德感與光輝（鄉土）
1966	6月2日	33	明月之章	《中華日報副刊》	老師	一個老師的自白。老師對於後輩的幫忙與提攜。	人性的道德感與光輝（鄉土）
1966	7月15〜16日	33	綠色記憶	《中華日報副刊》	劉太太「靜枝」	與劉先生結婚前就懷孕，受不了劉家人與街坊鄰居的輿論而出現精神異常的情況。	世俗社會
1966	8月2〜4日	33	龍岩	《中華日報副刊》	龍南村村長與兒子——張老蕃、張明光，龍北村村長——林阿寬、林玉鈴。	龍南與龍北兩村人為了消除水患而相互敵對，因為誰也不肯答應炸毀立於河中的巨石「龍岩」。但兩家人的第二代卻相愛，最後由兩村的第二代在颱風之夜冒險帶人將龍岩炸毀，但施放火藥的過程中，明光的愛人，龍南村村長女兒玉鈴卻不慎落水，被滾滾洪水吞噬了，看到此景的張老蕃流下感動與感恩的淚水。	人性光明面
1966	10月1日	33	隱形牆	《台灣文藝》	男子視角「我」（穆仲業）	以「隱形牆」意象寫出「後母和前人子相剋」的傳統世俗觀念。	人性的道德感與光輝
1966	10月2日	33	現代別離	《徵信新聞‧人間副刊》	告白者「李先生」，對象「虹姐」	現代愛情的告白。（自言文中有李敖與王尚勤的愛情故事成份）	此篇改名為戀歌。愛情故事
1966	12月19日	33	招婿郎	《台灣日報副刊》	女子視角「阿蓮」	放棄自己心愛的人，由父親主張招家中長工為婿，文中以女子阿蓮口吻道出招婿心中的無奈。	鄉土（傳統世俗的犧牲者）
1966	12月25〜30日	33	人的極限	《徵信新聞‧人間副刊》	落魄男子「陳火山」	正如主角「陳火山」的名字，人的忍耐極限就像火山一樣，蓄積到極限就會爆發，陳火山娶了一個壞心眼的妻子，害死好友並從好友的手	以激烈方式自我救贖

						中將當時在事業頂峰的陳火山搶過來，接著與外遇一起搞垮火山的公司，最後妻子與外遇自己起爭執，兩人意外命喪火場，陳火山卻在警前承認是自己殺死兩人，被判處死刑，這是他認為可以讓自己釋懷的方式。	
1966	12月31日	33	素色夢	《自立晚報副刊》	女子視角「白玫」	現實社會中老夫少妻的描寫。以事業為重心的丈夫，冷落家裡年輕的妻子。	小人物的家庭生活
1967	1月10日	34	晚晴	《中華日報副刊》	阿輝婆	替七十三歲母親「阿輝婆」過生日的開心情景，感恩母親晚年有美好的生活。	家庭親情（母親形象）
1967	3月1日	34	媽媽	《幼獅文藝》	母親視角「秋琪」	母親像陀螺一樣以丈夫和孩子為中心轉動。	家庭親情（母親形象）
1967	3月18日	34	醜史	《中華日報副刊》			散佚
1967	3月25～26日	34	吵架	《中華日報副刊》	作家李先生「我」	送洗的褲子被燙破一個洞，接下來的重要場合少不了要穿上這條李先生唯一可以在重要場合上穿的褲子，但洗衣店卻不認帳，描寫李先生一生中難得和他人吵架的經驗。	鄉土（應是作者親身經驗）生活中的瑣事
1967	4月13日	34	多餘的下午	《中華日報副刊》	男子視角「林亮文」	一個妻回娘家的下午，邂逅一位在蚊帳店工作的年輕女子，心像著了魔似的一直想著年輕女子。	人性中的孤單
1967	4月20～21日	34	鹹菜婆	《台灣日報副刊》	從唐山到台灣找丈夫的「鹹菜婆」	描寫極端窮困的生活，包括賴以為生的米，生活裡所有的事都沒有辦法自己掌控，時時活在痛苦與恐懼當中。	鄉土（蕃仔林的故事）
1967	5月14日	34	問仙	《台灣新生報副刊》	男子視角「我」（德民）	在母親死後三年，以「問仙」的宗教儀式和母親對話。三兄弟在母親死後因為分家的事鬧不和，而此次的問仙反而讓兄弟之間的感情有修補的機會。	家庭親情（母親形象，對於死去母親的思念）

1967	6月13日	34	醉之外	《中華日報副刊》	一個父親的視角「我」	一個因爲妻子的早死，獨立撫養女兒的父親，在女兒出嫁的前一晚，心中萬般不捨的情緒。	鄉土（父愛的表現）
1967	7月1日	34	死的過程	《中華日報副刊》	一個患肝癌末期的男子視角	「王也天」一位肝癌末期的患者，文中描寫他在離死亡約三個月的時間中，對於即將和妻兒面臨生離死別心情的呈現。	小人物在臨死前的心情變化
1967	7月1日	34	那棵鹿仔樹	《台灣文藝》	中年男子視角「石財」	石財將故鄉的田地賣了，全家人搬到大都市生活，但在心中仍對故鄉有強烈的眷戀。	鄉土（歸鄉主題）（一種對於故鄉的眷戀之情）
1967	8月24日	34	痴痴童年	《台灣新生報副刊》	一個孩子的視角「我」	以孩子的視角描寫自己的二哥即將到南洋當兵，自己與母親心中的不捨。	親情
1967	9月1日	34	錢公的故事	《幼獅文藝》	學校教師、作家「錢夫之」	爲了生計轉向寫武俠小說的前夫之，瞞著學校與兒女寫作武俠小說。是李喬認爲當時武俠小說不是眞正文學的作品之一。	作者創作思想的表現
1967		34	千面書生	《青年戰士報》			散佚
1968	1月9～10日	35	老頭子（乾乾伯）	《中華日報副刊》	中年男子視角「乾乾伯」	被兒子們嫌棄的乾乾伯，後來又回到鄉下做起「牽豬哥」的工作，年輕時就是這樣的工作養活一家人，沒想到老來被兒子們當皮球踢，只能瞞著他們回到鄉下重操舊業，以獲的自我肯定與存在感。	小人物的心聲。又名乾乾伯
1968	2月18日	35	猴子・猴子	《台灣新生報副刊》	孩子「阿泉」	主軸寫鄰居奇人谷缸伯的故事，側寫蕃仔林的困苦生活。	鄉土（蕃仔林困苦的生活）
1968	3月1日	35	鱸鰻	《青溪月刊》	石岡婆與兒子阿連	阿連抓到一隻十一斤的鱸鰻，這在貧苦的蕃仔林是相當特殊的，平常受到欺負的母子，對於鱸鰻的處置意見分歧，兒子想留下來自己吃，石岡婆認爲將鱸鰻分給其他人，可以爲他	鄉土（蕃仔林困苦的生活）

					們贏得自尊與受人尊重，最後因爲石岡婆的不小心將煎好的鱸鰻肉灑落一地而一切回到原點。	
1968	3月1日	35	祁家灣之秋	《幼獅文藝》	我	文中有一個特定的講話對象「你」，前七段以似「自言自語」（或意識流）的方式，以愛情故事爲主軸。	鄉土（軍官的愛情故事）
1968	3月18～19日	35	故鄉・故鄉	《徵信新聞・人間副刊》	我「阿喬」	對於結婚的恐懼與焦慮感。	鄉土（寫苗栗大湖李喬自己的故事，對於人生另一個階段的思索）
1968	4月1日	35	兩座山	《台灣文藝》	上班族方一民	以「兩座山」形容妻子的乳房。爲了家中的生計問題，不能生太多孩子的念頭，影響與妻子之間的床第之事，因「性」的本能所帶來的痛苦。	鄉土（小人物的家庭生活）
1968	4月20日	35	生命之歌	《中華日報副刊》	阿琴	患有先天心臟病的阿琴，勇敢面對自己的苦難，接受成功機率只有二分之一的心臟手術。	鄉土（生命中病痛的苦難）
1968	6月1日	35	烏蛇坑的野人	《幼獅文藝》	住在烏蛇坑的兩位老人——豬精、紅猴	與世外隔絕的烏蛇坑，一個年輕蕃女突然闖入，缺少女人的烏蛇坑從此陷入不平靜。人因「性」的本能所帶來的痛苦。	鄉土（與大敵、火等篇同是寫人因性的本能需求而帶來的痛苦）
1968	6月18～19日	35	殷匡石與我	《徵信新聞・人間副刊》	礦工：殷匡石、我	遭受挫折逃避自己的「我」，決定到礦場工作藉以麻痺自己忘卻一切，遇到決心奉獻一生於礦場的殷匡石，描述兩人真摯的友情。	鄉土（礦工生活）
1968	7月4日	35	心賊	《中華日報副刊》	師範三年級男學生——張小鄰	在師長與同學眼中品學兼優的張小鄰，有著極度孤獨的靈魂，從小在家中被忽略的他，以及小時候發生的事件，造成個性上的缺陷。藉由偷東西可以得到內心的滿足，在男生宿	兒時的生命經驗，影響長大後的個性

1968						舍偷了許多同學的東西而被發現。	
1968	8月12日	35	二十歲的球		教師——四十歲李老、二十幾歲年輕教師——林得治	四十歲與二十歲人的不同想法，年輕人總是想一直往前衝，隨著年齡的增長，凡事總是想的太多而裹足不前。	心情抒發
1968	8月13日	35	迎師記	《台灣新生報副刊》			散佚
1968	8月17日	35	四十歲的球	《徵信新聞‧人間副刊》	老姜	四十歲男人的焦慮。	小人物的焦慮
1968	9月26日	35	裸裡的夢	《中國時報‧人間副刊》	我「尤德培」	透過夢境的表現，以宗教思想譴責人類性欲本能與自私的本性。	人的本性、宗教思想
1968	10月21~22日	35	林老與妻子	《中央日報副刊》	教師——林老	林老總是將情緒往自己內心壓抑，凡事替人著想，卻換來早死的結局。	平凡小人物的悲歌
1968	11月12日	35	下午六點鐘	《中華文化復興月刊》	以孩子「阿泉」的視角出發	描寫日治時期用李喬兒時形象的化身「阿泉」，透過對於蕃仔林人民的生活，父親由開始時的反抗到後來轉變成屈服，來觀看當時的社會，是後來寒夜三部曲的原型之一。	（蕃仔林的故事）
1968	11月16日	35	一種笑	《中國時報‧人間副刊》	「我」——十六歲的國三生	自問自答的敘述手法。身為家中的老大，長期活在父親惡言相向的陰影下，而產生一種反射性的笑，只有自己知道，那不是真正的笑，而是一種很苦的笑。	小人物的家庭悲歌
1968	12月1日	35	老何與老鼠	《中國時報‧人間副刊》	老何	老何與兩個兒子共同對抗老鼠，在看到母鼠被貓咬死的情狀之後，想到沒有母親的悲哀之情，最後竟顯露人性大愛面，飼養了最後一隻最小的老鼠。	人性慈悲面
1968	12月23日	35	石水伯	《中時晚報副刊》	石水伯	石水伯是幫忙收屍與做法事超渡的，也藉此填飽肚子。貧苦的夫妻藉此獲得生活上的溫飽。	小人物的生活

1968	12月30日	35	救人記	《中華日報副刊》	「我」李喬的化身	與妻步行要寄稿件的同時，救了不小心跌倒的老同事，不但成爲同事間酸葡萄心態的對待，且妻也聽說救了人會變成對方的替死鬼，讓「我」無言以對。	諷刺民間習俗
1969	1月1日	36	浮沙與漩渦	《台灣文藝》	高三學生——周新典	成績優異正在準備大學聯考的學生「周新典」，因緣際會搬入就讀初三的阿金家，從此將周新典捲入阿金家複雜的家庭關係，最後周新典遭到退學。	人性本能的考驗
1969	1月1日	36	家鬼	《幼獅文藝》	豆腐店長工——阿康，老闆——阿坤，老闆娘——細梅，前豆腐店長工——烏金仔，老闆母親——阿剛婆	以長工「阿康」視角看豆腐店的興衰，從中引出阿剛婆養「家鬼」來幫癱瘓的兒子磨豆腐。故事情節步步向前推演，真相卻是沒有家鬼的存在，那個家鬼是人是「烏金仔」，最後阿坤與烏金仔雙雙死亡。	一篇諷刺台灣傳承多年的荒謬民俗傳說
1969	2月2日	36	蜘蛛	《中國時報・人間副刊》	男子視角——阿倫	因爲性的本能而帶來的痛苦。	人性
1969	3月1日	36	玉梅	《自由青年》	女子視角——玉梅	苦命的人生，顯露作家對於生命思考的悲觀。	小人物的人生
1969	3月1日	36	山女	《青溪月刊》	鹹菜婆	極度貧窮的書寫。	鄉土。貧窮、痛苦（蕃仔林的故事）
1969	3月24～25日	36	竹蛤蛙	《中央日報副刊》	「我」（兒時李喬的化身）	貧窮，威權下的生活。	鄉土。貧窮、痛苦（蕃仔林的故事）
1969	4月6日	36	負後像	《中國時報・人間副刊》	羊福年——大公司的科長	總經理一再對羊福年施壓，要他做非法的事，如不從則將他革職，因爲害怕自己失業導致妻兒無法有好的生活，壓力過大產生幻覺，最後甚至被當了順手牽羊的賊而被送至警局。	小人物爲了生活無力反抗威權的悲歌（似有靈魂出竅）
1969	5月18日	36	飛翔	《中國時報・人間副刊》	第一人稱男子視角「我」	剛接到免職通知書的「我」，在夢境中飛翔，宣洩一切壓力。	小人物爲了生活無力反抗威權的悲歌（似有靈魂出竅）

1969	6月1日	36	呵呵，好嘛！	《台灣新生報・星期小說》	阿火仙	「呵呵，好嘛！」是阿火仙的口頭禪，阿火仙是蕃仔林替人處理死亡大小事的人，部分故事情節與石水伯相似。藉由春枝的死，寫出蕃仔林就是當時台灣社會的縮影。	貧窮、封閉（蕃仔林的故事）
1969	7月1日	36	我沒搖頭	《純文學》	「我」（阿槙）十一歲	常習慣性搖頭的阿槙，是一種對於外在世界的反抗方式，抗拒繼父的毒打，老師的咒罵，同學的取笑，拒絕貧窮。	封閉、貧窮（蕃仔林的故事）
1969	8月15～16日	36	蕃仔林的故事	《中國時報・人間副刊》	「我」（李喬兒時的化身）；福興嫂、安仔	以瘋癲的福興嫂和癡傻的安仔挖掘發臭的死豬肉來吃，是貧窮的蕃仔林最經典的情節之一。	封閉、貧窮（蕃仔林的故事）
1969	9月1日	36	哭聲	《青溪月刊》	阿福、阿青	即將到南洋當兵的阿福與阿青，決定到被蕃仔林列爲禁地的「鵠婆嘴」探險，尋找傳說中從鵠婆嘴傳出的神祕哭聲。	封閉、貧窮（蕃仔林的故事）
1969	10月1日	36	如夢令	《中央月刊》	夫妻：阿榮、阿鳳	才結婚二十幾天的阿榮，即將被徵召到南洋當兵，阿鳳等了一去不回的阿榮四年。文中以日據後期爲書寫背景。	戰爭爲人民帶來的痛苦（歸鄉主題）（蕃仔林的故事）
1969	12月4日	36	一段旅程	《中國時報・人間副刊》	第三人稱男子視角「他」	以男子一個人的意識貫穿全文，在火車上遇見曾經偶然邂逅的女子，回憶當時的情況，最後鼓起勇氣跟女子打招呼，女子卻不認得他。	技巧（意識流的書寫手法）
1970	1月8日	37	今天不好玩	《中國時報・人間副刊》	兒童視角「我」（阿銅牯）	以一個智能不足的兒童視角看世界，他所看到的世界和我們是不相同的，如最後他迷了路卻笑起來，是因爲他以爲在路上行走的人，和他一樣找不到回家的路。	

1970	2 月 12～13 日	37	人球	《中國時報‧人間副刊》	上班族男子視角「之生」	對於現實生活中的挫折與不滿，造成主角逃避現實而退化成為「人球」，回到胎兒在母親肚子裡人類形成的原型。	受存在主義影響而成的一篇作品
1970	4 月 1 日	37	鏡中	《台灣文藝》	美術設計家——何日宣	一個思考自己存在的藝術家。仍有受到存在主義影響的意味，人存在與愛、性無法分開。	有些存在主義意味
1970	4 月 26 日	37	婚禮與葬禮	《中國時報‧人間副刊》	沒有人物	是一篇沒有人物的小說，以反諷手法表達，婚禮與葬禮幾乎是人生必經的過程，是喜悅與哀悽的對照，描寫人生最重要的事情，但「人」卻不見缺席了。事情的表面與真正的深層涵意不盡相同。	打破既定的以人物為主的創作模式。
1970	6 月 15～16 日	37	迷度山上	《中國時報‧人間副刊》	三個亦敵亦友的好友——柯子森、彭漢源、楊文華	對於人生「失與得」的思索，得不到的永遠最美，以為牢牢抓在手中的，最後卻仍失去。	《台灣運動的文化困局與轉機》p.121 最後一行。與婚禮與葬禮可歸為一類
1970	8 月 15～16 日	37	恍惚的世界	《中國時報‧人間副刊》	史快悟——二十五歲，工專電機科剛畢業，在一所大工廠服務	以一種恍惚的精神狀態，讓自己回到那內心最深層渴望的避風港——家，藉以逃避現實生活上的挫敗。	關於人的「恍惚」精神狀態，介於「自言自語」與「意識流」之間，又多篇書寫「恍惚」的作品，試圖開創自己獨特風格
1970	9 月 27～10 月 20 日	37	樂得福之晨	《中華日報副刊》	新任南投縣仁仁國中校長——柯時中	暫時放下妻兒，到偏僻的山地鄉當校長的柯時中，記錄一個為了教育而努力奉獻自己的人。	鄉土
1971	1 月 1 日	38	會晤	《台灣文藝》	阿村、阿香	已經訂婚的阿村和阿香，阿香因為家計到台北工作，為了家中的經濟，她只得出賣自己的肉體，文中描寫彼此相愛的兩人，因為長時間分隔兩地，即將見面時各自的複雜心情。	鄉土（文中有提到土地的重要）

1971	2月1日	38	凶手	《純文學》	王明添、王秀枝	爲了償還祖父借的錢，王明添只得留在屠宰場殺牛，因緣際會之下認識當養女的秀枝，兩人相愛而結婚，也因爲秀枝複雜的身世給他帶來許多生活上的壓力，最後在恍惚之間將秀枝的養母當成牛殺了。	小人物的生活悲歌（文中有提到母愛）
1971	3月2~3日	38	兄弟	《台灣日報副刊》	阿明——公司發展股股長	描寫兄弟之間因爲後來各自的生活形態不同所產生的尷尬之情。	兄弟之情
1971	3月21~22日	38	大敵	《中國時報‧人間副刊》	唐之方——身兼許多工作	人最大的敵人是自己，唐之方懷疑自己的老婆「玲瑩」有外遇，所做的許多荒謬的事，原來都是自己的疑心病引起的，結局甚至放火燒妻子。	鄉土（與大敵、火等篇同是寫人因性的本能需求而帶來的痛苦）
1971	4月1~15日	38	小菊花與我	《今日世界》	以第一人稱「我」寫小姑「小菊花」	時間：現在——過去——現在。從小與「我」相依爲命的小姑，在婚姻無法自主的情況下所嫁非人，從此註定孤苦終生。	女子婚姻無法自主的悲歌
1971	7月22~23日	38	修羅祭	《中國時報‧人間副刊》	洛辛——狗；我——教師	難以馴服的野狗洛辛，最後變成拯救收養他的主人口中的香肉。這樣撼動人心的情節，是作者對於面對世間我執的另外一種見解，與人生苦痛無解的我執共存。	宗教傾向
1971	8月1日	38	挨餓的腦袋	《青溪月刊》	公家機關研究部門工作——關士封	「挨餓的腦袋」在文中意指不知變通。是主角關士封在某些觀念上過度執著，而帶給他人有時甚至自己也如此認爲的感覺。	發抒個人情懷（提及對於學術的個人看法）
1971	8月28日	38	會場	《中華日報副刊》	作家——甄慕明	作家甄慕明準備到頒獎典禮上觀禮，卻始終無法進到頒獎會場，人的焦慮與恐懼。	個人心情上的抒發（可能是李喬個人的親身經驗改寫而成）

1971	9月5日	38	我不要……	《中國時報‧人間副刊》	公雞——高髻冠（歪冠仔）	以眞實故事諷刺台灣殺雞頭發誓的陋習。透過動物公雞爲敘述視角出發，看盡人間醜惡面。	鄉土（有政治性象徵）
1971	10月25～27日	38	火車上	《中華日報副刊》	觀光號火車服務生——我（江賢祥）	從小失去母親的「我」，在火車上偶然遇見引導他到正確位置的女人，從此戀上這個足以當他母親的女子，最後「我」再次遇見他心中的女神時，所有的美好印象度頓時幻滅。	小人物的愛情（戀母情結）
1971	11月	38	分家	《民政通訊》			散佚
1971		38	一偏之見	《台灣文藝》			散佚
1972	3月23～24日	39	捷克‧何	《中國時報‧人間副刊》	何捷克	一個販賣毒品常泡酒店花天酒地的何捷克，喜歡別人取笑他是「雜種」，一種自嘲自虐的內心描寫。	內心層面的描寫
1972	4月1日	39	一種心情	《今日生活》	女——我（玉枝），男——路駏	一種初戀的心情。玉枝與路駏。	愛情故事（初戀心情）
1972	5月14日～6月25日	39	含笑遠山	《中華日報副刊》	唐樹仁——明明國中教師	以擁有台大歷史系究所的高學歷的教師唐樹仁爲主要人物，書寫明明國中所發生的許多關於學校、教師、學生間的故事，充滿悲歡離合於其中，溫暖歡喜的結局是李喬作品中較少見的。	鄉土（校園故事）
1972	6月29日	39	浪子賦	《中華日報副刊》			散佚
1972	7月1日	39	阿敏姐別記	《台灣文藝》	阿敏姐——邱幼敏	年輕時與外鄉青年私奔後遭遺棄，回到故鄉後發瘋，將其他佔他便宜的男子誤認爲自己的丈夫，生下孩子後不懂照顧，最後孩子死了，阿敏姐仍是孤單一人。	鄉土（悲觀孤單的人生）
1972	8月18～19日	39	關於秋光				散佚
1972	10月22～23日	39	大蟳	《中國時報‧人間副刊》	劉倚節——癌症末期病患	癌末病患劉倚節，暗夜偷走即將出院隔壁床康富仁準備烤來食	鄉土（回家、歸鄉主題）

						用的大蟳，欲將大蟳帶到海邊放生，沒有想到為了保護即將被車輾上的大蟳，劉倚節死於車輪下。是書寫逃避心中對於死亡的恐懼，自一種自我救贖的過程，一種「回家」方式的昇華。	
1972	12月1日	39	歲月如流	《中國時報‧人間副刊》	元福婆	辛苦大半輩子的元福婆，因為時間與環境的改變，終於熬出頭的兩個兒子阿村與阿明，讓六十歲的元福婆備感欣慰。	鄉土（小人物內心的描寫）
1972	12月1日	39	秋收	《中外文學》	鹹菜婆	鹹菜伯與孫子阿良在田邊散步，有感而發對於土地的眷戀之情，感嘆子孫對於這片田地的薄情。	鄉土（對於土地的眷戀）
1972	12月26～28日	39	流轉	《中華日報副刊》	何玉、何土生母子	以噍吧哖事件為背景，何玉在逃離噍吧哖時被日本人安井野勇強暴，後生下土生，土生長大後與同伴密謀反抗日本人後被抓，判處死刑，何玉為救兒子，講出土生身世，最後也救不回土生。	歷史（可視為噍吧哖事件長篇的別傳）
1973	1月	40	《寂寞雙簧》	《中外文學》	女子視角──美蓮	白癡的阿倩和庫碼（狗），兩個都是不受疼愛的，以兩者的角度寫出寂寞孤單的心情，間接寫出主角美蓮姐內心的孤獨。	內心孤單之情的描寫（以白癡和動物視角呈現）
1973	3月9～10日	40	孟婆湯	《中國時報‧人間副刊》	女子視角──劉惜青	劉惜青死後到地府報到，將在陽間的一切罪惡做一清算。在陽間與陰間所受的苦難，在即將做總清算之時，喝下孟婆湯即可完全擺脫曾經的記憶，但即將轉世「濕生類」的她，卻選擇記得前世的一切。	人生苦難（生也苦難，死也苦難，李喬苦難哲學的表現，有宗教傾向）

1973	4月3日	40	劉土生	《中國時報·人間副刊》	男子視角——劉土生	想買地皮蓋一棟屬於自己房子的劉土生，在遭受地皮一日三漲的情況下，內心受到的經濟壓力的壓迫。	小人物受到經濟壓力壓迫
1973	10月11日	40	一段相聲	《中華日報副刊》	男子視角——彭大海	以意識與對話交錯，呈現男子內心的矛盾（自己無法養活妻兒，只能讓老婆拋頭露面到工廠工作），但也因此懷疑老婆與男同事過度親密。	小人物內心自卑與自大的矛盾
1973	11月25~28日	40	阿完姐（阿完姐別記）	《中國時報·人間副刊》	女子視角——阿完姐	與阿敏姐別記一文情節大部分相同。後記中提到阿完姐事蹟是中部地區許多人都聽說過的事，記載阿完姐悲苦的一生。	女子悲苦無依的終生
1973	12月	40	心事	《大同半月刊》	男子視角——林阿隆	急遽工業化之下，鄉下無謀生的優勢，阿隆與明芬這對情侶也只好進了都市的工廠，因為這樣，明芬發了「骯髒」的事，讓阿隆心中有了沉重的心事，他愛明芬卻無法對明芬不是處女的事釋懷。	小人物內心的苦
1973	12月30~31日	40	看戲	《台灣新生報副刊》	兒童視角——「我」（阿祥），阿枝仔（小六）	從兒時的阿祥與阿枝相遇開始，時間一直向後推進，阿枝以養女的身分過者不順遂的生活。	關於弱勢者的書寫
1974	2月1日	41	庚叔的遠景	《軍民一家》	庚叔	兒子願意腳踏實地做人，為了自己未來努力，就是做父親的最大的期待。	為人父親的心情
1974	2月9~10日	41	醉俠	《台灣新生報副刊》	原住民青年——醉俠	以原住民為題材，期許年輕人不應為了喝酒而迷失自己，要做個有用的人。	鄉土（對於年輕人的期待）
1974	2月17~19日	41	火	《中國時報·人間副刊》	知名大公司貿易部主任——何南卑	何南卑為了擺脫真實世界中在性方面的自卑，收集全世界的裸女年曆，透過欣賞圖中的裸女而得到身心的滿足，最後	受日本作家三島由紀夫的《金閣寺》影響。有宗教傾向。母親意象。鄉土（與

						放火燒了所有的圖與自己。	大敵、火等篇同是寫人因性的本能需求而帶來的痛苦）
1974	5月	41	病情	《今日世界》	「我」（唐）——三十出頭男性視角	「我」因爲十二指腸潰瘍住進醫院開刀，遇見年二十歲患子宮癌的涂惜香，因爲她可憐的身世而憐憫她，背著自己的妻兒默默的允許她愛著自己。	對於生命存在（活著）的思索
1974	8月7日	41	自圓其說	《台灣新生報副刊》	「我」	因爲即將要「還給」自己飼養的狗自由，對狗所說的話，希望牠可以接受這樣的結局。	對於生命的一種尊重（述說對象是狗，可與修羅祭一文對照，有對於動物生命層次上的表現）
1974	12月11日	41	阿憨妹上樹了	《中國時報・人間副刊》	十六歲癡傻的阿憨妹	以阿憨妹爬上樹的結局爲起頭，再描寫阿憨妹爲何會爬上樹而不下來的原因，阿憨妹因爲太傻讓家裡的電器用品都被小偷偷走，丈夫要打她，爲了躲丈夫的追打而爬上樹。	鄉土（癡傻女的故事）
1975	1月16日	42	心酸記	《大同半月刊》	女子視角——小琪	時間：現在、過去。小琪引領企盼情人阿松能夠在工作上有更好的表現，總算讓她盼到，但卻因爲阿松的一番話而傷了小琪的心，但阿松卻不自知。	小人物的愛情故事（故鄉工業化）
1975	1月31日~2月1日	42	果園的故事	《中央日報副刊》	「我」——農校教師	身爲老師的「我」，看到當年吊兒郎當的學生，竟然回家繼承父母親當農夫的志業，而且做得有聲有色而感到萬般欣慰。	校園故事
1976	1月1日	43	一九某某年的夢	《年輕人》			散佚
1976	3月25~26日	43	瑷兒形狀	《中華日報副刊》	「她」（姚氏——瑷兒母親）第三人稱視角	好不容易懷孕生下的孩子，姚氏從知自己懷孕開始，就得新手媽媽「緊張症」，最後結局孩子死了。	一個母親的心聲

1977	3月3~4日	44	抉擇	《中華日報副刊》	女子視角——施笙笙	有著美好前途的施笙笙，在畢業後的第一個寒假，發現自己得了惡性腫瘤「網膜膠質癌」，第一次開刀拿掉左眼珠，三年之後再次復發，施笙笙對於走到生命盡頭的時間已不想強求。	生命的存在意義
1977	8月31日	44	昨日水蛭	《台灣文藝》	解剖學、組織學教授——施道憐	年輕時候的一場意外，讓他非常害怕水蛭，而那場意外竟也像水蛭一樣，緊緊的與他的人生相連，再度來到公墓準備隔天上課要用的教材，恍惚中無數變大的水蛭在他眼前，這次他選擇勇敢抵抗。	對抗內心的恐懼（痛苦哲學的延伸）
1977	9月22日~10月16日	44	強力膠的故事	《中華日報副刊》	「我」（唐樹仁）——學校指導活動執行秘書	輔導學生關艾培脫離幫派、吸食強力膠等不良行為，並幫助改善他與母親之間的關係。	校園題材
1977	10月2~9日	44	山河路（原名巴斯達矮考）	《中國時報‧人間副刊》	賽夏族青年——拔力搭因	賽夏族每年舉辦矮靈祭的由來。	原住民題材
1978	1月	45	尋鬼記	《中央日報副刊》	「我」——作者李喬的化身	作者針對「噍吧哖事件」田調的親身經歷。	歷史
1978	9月	45	達瑪倫‧尤穆	《台灣日報副刊》	男子視角——達瑪倫‧尤穆（達瑪倫：丈夫之意）	在果園經歷天災之後，不得已只好讓妻子下山當「女中」賺取家用，以日記形式表達身為丈夫內心所承受的各種壓力，最後妻子留下八萬元之後消失了，就像村裡的人所說，讓她下山工作，總有一天他會跑掉的。	原住民題材（因生活壓力導致家庭破碎）
1979	8月10~11日	45	皇民梅本一夫	《民眾日報副刊》	梅本一夫——本名謝時祥	寫日治時期許多台灣人對日本人與其在台施行日本化政策恭維的態度，到日本投降後，梅本一夫儼然日本人的裝扮，顯然在當時的台灣相當突兀。	政治（台灣人應有屬於自己的認同觀念，不應盲目追隨其他統治者）

1979		46	尾椎骨風波	《民眾日報副刊》	唐嫂	全文由幫丈夫購買燉藥的尾椎骨一事為主軸,寫唐嫂膽小怕事,過度謹慎不知變通的個性。	小人物的生活
1979		46	演出	《民眾日報副刊》			散佚
1981	2月	48	退休前後	《自由日報副刊》	黃校長	即將退休的黃校長,感受到學校同事之間的人情冷暖,大家靠向即將掌大權的人,完全不尊重他這個即將退休的校長,最後他申請延後退休,警告了那些不將他放在眼中的人,在退休時間到之前,提前退休了,留下完美的身影。	人情冷暖
1981	8月	48	阿二妹契哥	《世間客屬》	男子視角——石頭伯	看到因為兒孫發達可以享福的阿桶婆,想到阿桶婆年輕時是他最愛的愛人阿二妹,兩人感情的糾葛,石頭伯卻是孤單一人。	年青時的愛情
1981	11月3、4日	48	某種花卉	《聯合報副刊》	男子視角——琨丁	隱喻:對於某種信念的追尋。「某種花卉」是真理或信念的化身,追尋的過程是一種展現生命的過程。	受安部公房《砂丘之女》的影響
1981		48	經營者	《自由日報副刊》	男子視角——黃有金	一心一意想做大老闆當一個真正的經營者的黃有金,尚未真正當上老闆時,又得不到妻子的愛,想找陌生女子宣洩,不料卻遇到工廠的員工。	人有往高處爬的本能,但總不盡如人意。(工業化的隱憂)
1981		48	休閒活動	《台灣時報副刊》	羊彼得、何太郎	羊彼得與何太郎兩人皆是高三學生,趁放學與晚自習之間的空檔到附近書局偷東西,這是他們在課業壓力下的「休閒活動」,最後兩人被抓。	校園故事
1982	1月	49	新年憶舊	《軍民一家》	「我」——李喬的化身	時間:現在——過去「我」由現在安定的	發抒心中的感概之情

						生活，準備過豐富一點的新年，回想起兒時貧窮的生活與日治時期在日本人當權時完全不能過屬於自己舊曆年的辛酸記憶。	
1982	1月15日起	49	紙上診所				散佚
1982	1月15日	49	小說	《文學界》	「我」——作者以作家姿態現身	作者直接現身於小說之中，告訴讀者自己如何創作，小說是可以打破時間的限制而成。	後設書寫技巧
1982	1月23~24日	49	馬拉邦戰記	《台灣時報副刊》	抗日英雄——邱梅、尤春木	1895年日治初期，台灣人在各地拒絕日本執政的反抗行動。	歷史政治諷刺
1982	6月6~8日	49	太太的兒子	《台灣時報副刊》	以丈夫「張又德」視角講妻子「秋菊」	時間：現在、過去雜貨店漂亮的老闆娘代替丈夫送貨，遭人強暴生下兒子，從此一家人陷入埋怨與恨的關係中，最後「太太的兒子」張路生的一番話點醒了「媽媽的丈夫」張又德。	
1982	7月28~29日	49	罪人	《自立晚報副刊》	以「我」方育倫視角	以第一人稱「我」的自言自語與自問自答爲全文。	牢騷似的文體
1982	9月9日	49	阿扁悲歌	《自由日報副刊》	鍾文龍（綽號：阿扁）	在課堂上被學生辱罵的老師鍾文龍，辭職後在玻璃工廠上班，課餘時間寫小說，引來許多工廠女工對他生出愛慕之情，因此得罪幫派分子，在談判時鍾文龍罵了對方「王八蛋」，這讓他聯想到曾經在課堂上發生的事，對人世間的對錯產生質疑，最後痛哭流涕向對方跪地求饒。	發抒心中不平之氣（校園、工廠）
1982	10月25日	49	告密者	《文學界》	以「我」（3874楊汝組）爲視角	全文以代號「3874」的我內心的意識流爲主軸。「3874」是一個告密者的角色，而他最後要舉發的人就是自己。	意識流書寫技巧

1983	1月	50	爸爸的新棉被	《明道文藝》	女子視角——鄭秀美	因爲無法面對辛苦養大自己的母親的死去與從小遺棄自己的父親，秀美很早就離開家鄉出外工作，但始終對於故鄉有眷戀之情，不知不覺就會踏上回到故鄉的路上，最後看著爸爸虛弱懺悔的身影，他似乎可以原諒父親曾經所做的一切。	女兒原諒不曾盡教養義務的父親（是否也是李喬對於父親的原諒，一種自我救贖）
1983	3月26~27日	50	慈悲劍——度化李白	《台灣日報副刊》	唐朝詩人——「李白」	重寫歷史故事（今筆寫古事）。	
1983	9月9日	50	恐男症	《聯合報副刊》	女生視角——楊世芬	在任職工作時所簽定「結婚自動離職書」，因發現已經懷孕三個月而報戶籍，被主管知道後強迫她自動離職，離職書捲成的文件紙筒竟在她眼前變成男性的生殖器，從此之後，只要看到類似形狀的東西，就會在她眼前變成男性生殖器，是一種精神壓力（壓抑）疾病。	女性終究無法對抗男性（權勢）
1984	1月	51	泰姆山記	《台灣文藝》	歷史人物「呂赫若」的化身——余石基	二二八事件。以歷史人物「呂赫若」最後的逃亡爲書寫主軸。最後被蛇咬的他，死亡之後的軀體與大地合而爲一，回歸台灣——母親的懷抱。	大地——母親的故事
1985	4月	52	共同事業戶	《聯合文學》	夫妻——楊大俠、賀小貞	以夫妻關係來比喻選舉過程中各種複雜的關係——「結婚」、「離婚」、「同居」、「貌合神離」。	政治諷喻
1985	11月	52	孽龍	《台灣文藝》	東方文化史學者——劉士土	以批評一胎化政策與傳統傳宗接代的保守觀念——諷刺傳統中國文學對於台灣的茶毒。	1993年12月收近《李喬集》，改名爲「孽龍記」。政治諷喻
1987	2月20~24日	54	水鬼・城隍	《台灣時報副刊》	水鬼——林淡水	林淡水因爲生意失敗而投水自殺，到了	民間故事改寫

						地府之後被「地府冥王親批林氏爲城隍之職」，但是城隍的工作卻讓林淡水有所困擾，向地藏王普薩要求回去當水鬼，最後林淡水再作回一個不害人的水鬼。	
1987	9月21、22日	54	一個男人與電話	《聯合報副刊》	男子視角——林秋田	林秋田是一個被女強人郭勝男控制的男子，每次女生一通電話，林秋田久使命必達，從兩個主角的名字，就可以知道是女權至上的文章。	現代人的愛情觀
1987	12月	54	立委自決	《自由時代》週刊	立委——巫尺夫	充滿政治寓意的小說。	政治寓意小說
1988	11月15～18日	55	死胎與我	《中國時報‧人間副刊》	男——許士金；女——吉玉寒	以「後設手法」寫出富含政治寓意的「大陸性的陰險深沉」以及「海島性的荷刻浮躁」是無法結合的，勉強結合只會產生「死胎」的結果。	政治寓意小說
1989	7月5、6日	56	第一手資料	《首都早報》	以「我」爲視角——李喬的化身	二二八事件。「我」是一個寫作者，要深入了解發生於二二八時的虐殺案，所以對當時的倖存者進行訪談，訪談過程得到寶貴的「第一手資料」。	歷史事件的處理
1990	7月15日	57	主席‧三角街	《中時晚報》	三位主席：劉焙、曹超、孫泉	以三國時期的來比喻政治現象，三位領導者皆有不爲人知的「症狀」，在各自就醫後，三個死對頭竟在街角碰面了。	政治寓意小說
1992	3月	59	關於存在的一些信息	《文學台灣》	男子視角——我	人與大地是爲一體，當人失去了賴以維生的土地，則人也將無法生存。	鄉土（土地）
1993	7月	60	玉門地獄	《文學台灣》	男子視角——醫生鍾格若	人因性本能而生的苦難。	
1993	10月10日	60	窯變	《民眾日報‧星期小說》	男子視角——陶藝家「吳良久」	男主角「吳良久」因爲一張玉石桌與外遇對象邱麗美鬧翻。以「窯變」比喻	鄉土（愛情題材）

						不可讓外人看到自己的醜態，自身的醜陋形象是不許外顯的。	
1994	4月	61	回家的方式	《台灣文藝》	男子視角──白色恐怖時期受害者「于世賓」	白色恐怖時期被關的「于世賓」以自己的方式（死亡）回家，是獲得眞正的自由。	政治寓意小說。署名「萬吉祥」
1994	4月12日～14日	61	母親的畫像	《台灣時報副刊》	我──李喬的化身	懷念母親之作。	親情
1999	7月	66	耶穌的眼淚	《文學台灣》	「鍋眠黨」籍「迦太基」執政官──呂摩東	以「後設小說」的寫作手法，寫出對於台灣政壇的現象，文中的人名與黨名的諧音皆與台灣的政治人物與黨派相合。	政治寓意小說
2004	9月5～8日	71	難	《台灣日報副刊》	都會女子──胡秋萍	以現在社會上的獨立都會女子形象爲書寫的視角，以女生的立場來講現在的都會男女所面臨的「愛情難題」。是對於目前社會「晚婚」、「少子化」的關懷題材出發衍伸的小說。	
2004	10月17日	71	暴力	《中國時報‧人間副刊》	「我」──李喬的化身	以當前時事爲發端，目的在於對過往歷史的呈現。是李喬從思考臺灣人歷史命運過程的間接作品，有批判的意味，也有自我表述的用意。	
2005	8月	71	牽手	《文學台灣》	「他」──楊順吉	一個已經「歸化」美國三十年的台灣人「楊順吉」，特別爲了參加二〇〇四年臺灣的「二二八牽手」活動，藉以說明此活動的寓意在於臺灣爲自身前途向前邁進一大步。	
2005	9月	72	來順伯婆事略	《文學台灣》	客家傳統人物代表──來順伯婆	文章以「來順伯婆」躺在棺材開始，用倒敘手法回顧她的一生。以她不平凡一生的回顧，凸顯客家人堅強，不爲外在環境所打倒的特質。	

2008		75	羅成斷指悟道	《文學台灣》	歷史人物——羅成	「石觀音」位在中央山脈分支,「加里山」近頂的地方。以此地「開山」始祖羅成的事跡。描寫他斷指、出家、悟道的過程。	歷史人物
2008		75	黃賢妹情歸大地	《文學台灣》	客家女子——黃賢妹	延續李喬對於「回歸大地」的書寫脈絡,寫出客家烈女子黃賢妹的一生。	歷史人物

附錄二：李喬專訪

時間：2011 年 7 月 3 日星期日上午十點三十分到下午二點三十分
地點：苗栗公館李宅
訪問紀錄：黃小民

問：我正在研究老師的作品，想從鄉土，歷史及反抗等主題切入，老師能否提供寶貴意見？

李：理論上妳這個論文大方向是兩個架構，不可能兩者都要，以鄉土與歷史為題材，基本上是兩個大的方向。第一點如《寒夜》或二二八相關題材，看要以哪一個方向當主題，另外一個把它切掉；另外一點把李喬的作品提出一個共同的特色，共同的東西，變成你的 text，你的資料，不要專門寫一個。兩方面跑會累死，要講《寒夜》，又要提出它的概念，又要鄉土又要思想，這樣會累死，如果要這樣就抱緊某一部作品，每一部作品只是找有用的拿過來，自己建立一套，完全建立一個自己的李喬研究，怎麼進入你的 system，完全是妳的基礎，一般人比較簡單的就是，弄一部在裡面一直鑽研，那妳這個必須要做一個選擇，這是第一個；實際上，在政治現象、社會現象後面文學的本質或生命的連接，其實不受到影響，在上面浮現的東西，轉個彎來呈現無所謂，寫多一些根本的東西就可以，如談文學與生命的結合。

第二個，其實這兩年我才提出來，我的一生很重要的一個概念，文學、小說這個東西很重要的就是它的主題、內容，第二個就是它表現的形式，我一生對於表現的形式下工夫，老年的三部書，現在已經寫兩部了，現在寫第三部，一邊寫一邊看，自己都覺得很好笑，《咒之環》被我朋友罵死

了，因為他說，這其實不是小說，你亂搞，我好高興喔，他說我亂搞，這個我認為是我形式的追求，所以，我的建議就是說，除了談主題的分析和連接，另外一個區塊，是關於我的小說的形式分析，例如說：我的《咒之環》，在台灣從來沒有人寫過的，我把一個神祕的經驗寫進去，裡面有理論基礎成份，我把歷史的情節和現代的情節的東西寫進去，我以一個特別的 mate-fiction，「後設」概念，將 view point 敘述觀點把它擴大，平常我們講敘述觀點應該是這樣，就是「我---作者」，我作者要敘述這個事情的時候，不是我直接敘述，是我找一個鏡頭，那個「我」或者「他」都可以，就是「我」「他」在敘述這個故事，「我」「他」沒有甚麼距離，但是像在鄭清文的作品裡，這個距離就很遠，有這樣一個距離，以及這樣一個鏡頭的講法，這中間還有一個人我沒有提到，就是我要找這個鏡頭，我必須分身出一個人，這個人分身出這個我，對於這件事情的同情或者責備點，不一定是我，而是我抓住一個分身，來掌握這個鏡頭，這個鏡頭是甚麼，就是拍女孩子裙下風光的那個鏡頭，就是這麼一個說法，我用它來寫咒之環。

另外一個用我寫《寒夜三部曲》的經驗來講，除了真的我之外，後面還有一個「我也不知道的我」，理論上，當我說「我李喬」的時候，已經把「李喬客體化」以後，「我」才能理解「我」，真正的我是不可理解，那是哲學層面的東西，我這個裡面有一個野心，尤其我寫《孤燈》時，寫到後面的逃亡，我覺得奇怪，那個逃亡絕對是我在逃亡，而且不是李喬我在逃亡，而是另一個「我」在逃亡，現在我回頭看那一段，我很陌生，當時完全沒有什麼思考，早上五點起來就一直寫一直寫，他要怎麼走怎麼轉彎，那個「我」跑出來講話，我這個是一個技巧，我以這個來敘述《咒之環》中在歷史上發生的西螺事件、大甲割水事件、埔里的虐殺事件其實我都在場，我要敘述的是，那個「我」不是「作者的我」，而是後面的我，因為這個時候，我要引出一個我自己的神秘概念，我的神祕概念是甚麼，是希望和佛教脫離，不是佛教所講的「悟」、「觀」等，但其實是類似，這個東西是我用一個形式來寫。

另外，我要提在我的第二部長篇小說《痛苦的符號》，我那裏面分成兩種字體來印刷，這個是受到威廉・福克納《聲音與憤怒》的影響。現在我正在寫的《V 與身體》，我寫的以三種文字來印，第一個 V 這個「我」是絕對客觀的全知觀點的敘述，一個是主角的我，另外一個印刷體，是我

的五臟六腑全都出來講話，這本書以三種不同的字體來呈現，這個是我從形式裡面去玩，玩的很快樂，這個是我和別人不一樣的地方，我舉這個例子，是說明我的作品從形式裡面談，可以談得很細，還有一個更重要的，當然後面還有一個現代文學研究動向最重要的一個觀念，二、三十年前的研究是研究主題，自從索緒爾的語言學理論之後，是研究語言的核心，既然是研究語言的核心，是語言創造主題，我的 meta-fiction 的理論是這個，我寫這個主題，不是腦筋用語言這個工具把它表達，索緒爾說是語言本身把主題創作起來。

問：在創作的過程中，前面您有提到寫到最後人物好像都走出自己在文本裡面的呈現，是不是可以跟您所提出的「創作有機論」作結合呢？例如：像白素貞這個角色，她就會自然而然變成這個樣子？

李：其實我會這樣崇拜「後設」，一開始我的作品其實就呈現這樣的東西，所以我碰到這樣的理論就把它抱著，我在這個講義中的後設小說有提到「語言建構主題，進而形塑世界的理論，反轉現實與虛構（這是日本的技法），創造可能性的作品」，最後提及「文本自主說」，這是李喬的說法，文本會自主，所以一個作家創作一個作品，也就是說，那種時代，那個基本的 story，那個人物出現了以後，它會怎麼走，作者不能去管，以我這個觀念，看瓊瑤的作品會非常的生氣，男的一定高高的傻傻的白白的鼻子挺挺的，女孩子一定很漂亮頭髮很長，眼看要結合了，卻沒有理由的把他們拆開了，是作者拆的，他會在一起是人物與時代背景，他會拆夥是他決定，作者不能決定，所以根據後設理論，我進一步將會提出這個，我個人的說法就是「文本自主說」，文本會自主發展，這個是一種關於「文學性」的研究，這麼一來，佈告也可以研究，佈告所含的「文學性」的研究，所用的詞彙，對它需要的訴求，或舉個角度來講，我把佈告寫出來，我是要給有關的人看，他的看法，這是第一、二，第三個，無關的人來看這個東西，他可能有不同的看法，這個就是「接受理論」、「閱讀理論」，「接受理論」、「閱讀理論」是從這其中發展出來的，可以說是現在最新的。講義中是《現代文學理論》一書中的內容，我把它整理出來了，它原來是日文的，我把它整理成中文的，其中「小說形式的追求」，我在新竹大學講過了。我特別的分法：「背景理論」，第二個是「成型理論」，最後有一部分還沒有探討，「文學的主題中心」到「語言中心」的探討，特別對語言中心的困境

提出六、七點，語言中心有沒有問題，在「能指」和「所指」表音系統的英文，和我們形式一結合，反而用不上，我碰到一個美國的文學教授，我要確定翻譯，我問他關於「能指」和「所指」的問題，他說：「你講什麼，我聽不懂。」因爲他所接觸的是拼音系統，所以當然「能指」和「所指」可以分的很清楚，但是如果我們直接把它拿來用，和我們的形式一結合就會有問題，就感覺這個東西放在中文裡用不上，美國教授他說：「我不知道，我沒有機會碰到。」

問：關於「歷史素材」創作的問題。從第一本的《結義西來庵——噍吧哖事件》到《寒夜三部曲》接著《埋冤一九四七埋冤》到《咒之環》，其實我們可以看到其中有強烈的社會和政治議題在裡面，這些歷史事件的背後，其實有您想講的話，這樣一脈下來的歷史主題書寫，對於您所要表達和建構的中心思想有沒有改變？在這幾部小說當中，想表達的中心主題都是一致的嗎？

李：我在寫作《結義西來庵——噍吧哖事件》的時候，是很用功的掌握史料，就把那感覺寫出來，腦中對於所謂的中心思想的想法其實還不是很清楚，我的一些東西都是很誠懇的寫作，認眞去讀書的成果，《結義西來庵——噍吧哖事件》中心思想沒有這麼清楚，一直寫下去之後，後來漸漸發現，好像是這樣，那表示寫對了，我當時眞的沒有意識把它寫成這樣。（李進益老師問：爲什麼「近代中國出版社」會說，你是台獨，所以中山文學獎不給你得獎，鍾肇政先生說是因爲決選後的決審關係，說裡面有台獨思想，李喬老師：「這個也反證了 meta-fiction 的理論，文本自主說。」李進益老師：「那個高層爲什麼會看出這個問題？從哪一點去講這個問題？」李喬老師：「我的回答是，我當然不知道。」李進益老師：「老師您回頭去想，有什麼地方會讓他們有這樣的看法？」李喬老師：「第一個回答是，我當然不知道；第二個也說明「文本自主」的觀念」，那種時代，那種事件、自然人物會演出那樣的現象，之後當然就是「讀者理論」或是「閱讀理論」之後所呈現的那個意義，所以我一直關注索緒爾的學說，雖然我還不是瞭解得很完整，在索緒爾的語言學裡面，有一個非常重要的概念，就是「text 這個文本是永遠沒有辦法完成的」，永遠是未完成的狀態，用他的專有名詞來講，就是「等待符號狀態」，至於什麼時候完成，就是「讀者」、「研究者」出現之後完成。所以所謂的文學現象就是「作者」、「作品」

然後「讀者」，這樣 text 就算是完成了，之後作者就消亡，死掉了，但我對於這種說法很生氣，所以我就寫《重逢》來故意反對這種說法，從我四十年前所寫的小說，雖然作者已經死亡，可是在這四十之後，我當一個讀者總可以吧！以當讀者的身分回來，而且我是以作者身分回來當讀者的，這個是很特殊的，所以也說明這一點很有意思。李教授剛剛的問題，我再說明一下，那是我第一次聽到「台獨」的名字，在之前我從來沒聽過這個說法，那為什麼在書裡會讓人產生「台獨思想」的想法呢？我想是因為噍吧哖事件在當時虎頭山上，我有寫到主角余清芳在那裏豎立一個旗幟「大明慈悲國」，「大明慈悲國」這可能就是讓人跟台獨聯想在一起。感謝蔣經國。

接著《寒夜三部曲》的寫作本身對我是一種「自我啟蒙」，自己鍛鍊形成一個台灣作家李喬的過程。所以我一直在講，我這種寫作態度應該是對的，我非常認真客觀的去掌握史料，作自己的解讀，進到作品裡面，我真的很謙虛的退在旁邊，我從來就是這樣，所以我碰到「後設小說」，我就啊的覺得深知我心，就是這樣。

其實我寫完《埋冤一九四七埋冤》之後，我的許多想法算是完成了。最近的《咒之環》是對現實的一種反映。其實我一直很倒楣，我的生長背景，我從小的身體情況，所以我是一個悲觀者，這樣越走下去，最後成為一個絕對的悲觀者，絕對悲觀者有兩條理論，對於現實世界生物界的悲觀，第二個是讀那些通俗的生物理論，尤其像太空理論，像有人曾經說過這樣的一句話，就把許多宗教和哲學的思想推翻了，「宇宙，是恐怖的寂靜中，航向滅亡」，他講的包括耶穌、釋迦摩尼佛、佛教全部都包含進去了，當然是絕對悲觀論，絕對悲觀論是很抽象、概念性的東西，但我以活在現實當中，證明了悲觀，例如我的《咒之環》，你可以看到我的整個心靈的過程，我的作品的題目，隱含了我全部的想法在裡面，《咒之環》寫台灣人一直在詛咒當中跑不出來，每次我看到一個現象，我就說：唉呦！這是咒之環，我在國民黨的體系裡面看到咒之環，在民進黨的體系看到咒之環，在社會的很多現象裡看到咒之環，所以我是個絕對悲觀者，但沒辦法，也改不了。

再談一下我有一篇寫「反抗哲學」，那其中根本性的東西是很重要的，例如說：我裡面的第一個反抗是反抗自己，實際上是我身體上的一個反

抗，身體承受不了的低溫，就要想辦法讓溫度高一點，另外一個，對於內心的反抗是很重要的，人因爲有生物性的限制，所以我們會有懦弱、貪婪的想法，我們就要反抗他，我在反抗哲學的文章裡面，其中談反抗的形式，就有四五種，其中有提到反抗概念的來源，尤其是我用的太空的結構、力的結構那些說明，那是我獨創的，因爲反抗主義在存在主義中早就已經談了很多，我把它特別提出來講反抗哲學，是一種方法論。另外一個重點，就是存在主義裡反抗的概念，它是限制在「人」的範圍之內，現在我把它放在大自然裡，把物理的世界放進去，我的意思就是說，在「人」範圍裡面來講就是「反抗」，但在物理的世界裡面就是「力」的關係，「力」的關係有幾個特點，第一個就是要在「時間」和「空間」裡面；第二個要「同一個空間裡面，彼此要維持距離」；第三個要「動態」的，往這個「平衡」，或接近平衡狀態，物理世界就是這樣，在人間就是「一種反抗」，就是兩個力量的抵抗，台灣的文學教育應該回到文學本身，回到文學形式的研究或是文學本身的研究，因爲人性的基本結構沒有變以前，文學還是會存在的。

問：您有幾篇創作都用到後設的寫作手法，關於「後設」手法的書寫技巧在文章中的運用，從短篇的〈小說〉到後來長篇《重逢》，對於後設書寫是不是有不一樣的體會，在創作手法上是不是有所變化？

李：其實我那裡面分成三類，最先是南美的「魔幻寫實 magic realism」，這不是原來就有，是後來人家把它解釋成「後設」，接著六、七〇年代美國的 anti realism，是反寫實主義的，也被認爲是「後設小說」，眞正的後設小說，我的認定就是說，從索緒爾（Ferdinand de Saussure，1857～1913）的新語言學出現以後才形成的，在西方哲學中是一條線一脈相承的，我用簡單的幾句話來講，從尼采開始，尼采（Friedrich Wilhelm Nietzsche，1844～1900）說上帝已經死亡，他講這句話，我到六〇歲才眞正理解，上帝已經死亡的另外一個層次是，在人間的一切不管是唯心論也好，唯物論也好，始終存在於一個 Logos，一個眞理不變的東西，上帝不存在就等於人間不變的眞理也不存在，這是尼采第一個發難，後來到了現象學，再由現象學到存在主義，存在主義再到德里達的結構主義就完成了，西方對於結構主義的定位在於，結構主義推翻了西方從希臘以來三千年的 Logos 理性概念，對於理性存在，是現在所建構的，不是原來就有，這個回到存在主

義裡面來講，就是說所謂人性，沒有什麼本質可言，存在以後，才有本質，這都是同一條線，這個基礎，就是我後設理論說法中的背景理論，這個背景理論的存在，女性主義這些都靠它，從前的左派等的貧民階級都有他的「尊嚴」與「主體性」，都是這條線出現才有可能，特別是女性主義思想，從前是以男人為中心。到了德里達（Jacques Derrida）以後有了改變，這個中心是現在創造出來的，這個中心到了索緒爾的發展是，就我們所看到的是一隻狗，我們會講 Dog 狗，所以寫一個 Dog 的音，一隻 Lion 在那邊，我就寫一個 Lion，但是索緒爾的說法不同，他是倒過來說的，在現實人間裡面，是有 Dog 才找到那個犬，他的意思就是說，在存在界裡面是連續不斷的，所謂連續不斷就是漂亮或醜，為什麼知道這是漂亮，是因為他醜的關係，所以漂亮就被凸顯了，這是一種關係論，人間不是實體存在，是關係存在，舉例來說：現在有很多動物排在那邊，我沒有辦法分辨，於是就用一個 sign 符號來分辨，所以有 A 符號、B 符號、C 符號等……，這樣世界就被組織化了，也因此可以加以分辨，例如：今天有一隻 70 公斤的貓，要說牠是貓還是老虎，牠本身有不會說我是貓或我是老虎，是我們用 sign 符號將牠加以分辨，所以是先認識符號然後才認識世界，因此，我覺得「世界把它們組織化了」這句話不對，不是世界本身沒有組織化，因為有了符號，所以我們能夠認識世界，是因為世界本身就是組織化的，所以我們才能夠加以分辨認識，世界不可能因為有符號就產生變化，因為我們擁有可以辨認系統的符號，所以我們可以認識世界，不然世界是無法分辨認識的。

　　回到文學層面，變成「主題是語言把它給創造出來的」，但是語言本身有非常多問題，我在講義中所寫的 5、6 點就是在談這個，簡單來說有兩點，第一個，你對語言的掌握非常準確嗎？沒有答案；第二個，你對語言真正的忠誠嗎？沒有答案；尤其是在台灣，這種後設理論的出現，text本身語言會自我繁殖，我的說法是，我是寫作的人，第一，我對語言文字掌握的非常準確，第二個我對語言非常的忠誠，我非常客觀的讓語言本身去繁殖，這個叫文本繁殖，因為這個文本當中有我個人的人格在裡面，因為我很忠誠，文字這樣出現，裏面有我的存在意識，不過，另外中國自古以來有玩弄文字之說，但玩弄文字絕對不是文本繁殖，這兩者要如何區分呢？是無法區分的。我是一個很誠懇的人，從來不做假，小說是 fiction

是虛構，中文把 fiction 這個字翻譯成「小說」，同時也翻譯成「虛構」，這個很有趣，翻的很棒，虛構是「假」的，所以小說家只有介意一件事，就是對自己所掌握的資料，面對語言文字，絕對不能作假，要忠誠的面對，忠誠於 fiction，這點是我非常在意的，我的個性雖然不太謙虛，但面對文本、面對著文字是絕對的謙虛，因爲如果不能謙虛的面對文本、面對文字，則文學世界是無法建立起來的。

問：您在小說創作中，用了很多特殊的寫作方法，例如：《咒之環》裡面提到的「直觀映像術」等，這個是不是爲了追求新形式的一種寫作手法？

李：這個不是。這個東西說來很誇張。我年輕的時候關於宗教的東西讀了很多，像「禪」這一類的東西接觸很多，但是我後來一直擺脫它，但是我知道我的這個概念，還是有受到影響，裏面的這個「觀」是「直觀」，我在文本中呈現的是，我面對這個景觀，很快的瞬間，我與那景觀合而爲一，是一種「靜止」、「停頓」的狀態，這種狀況從前的我偶而出現，但現在黃昏的時候，我在住家附近散步時，隨時可以經驗那種狀態，這絕對是眞的，絕對沒有「黑白講」的，我有好多次危機來臨的時候，我自己在身體上會出現警覺性，這眞的是很奇怪的經驗，我個人是反對迷信的，但是在我身上發生過有很多奇怪的經驗。這些都變成我根本裡面的東西，對我的影響是，當我面對文字或是眞實的現象世界時，跟別人比起來可以掌握的更接近它們，或是從某一種不同的角度來掌握它們，我大概只夠這樣講，再講下去都變「半仙」了。

問：您開始創作的短篇幾乎都是生活周遭的人事物，或是童年的記憶，是在怎麼的一個契機之下，轉向寫作歷史素材的小說？

李：我有一本短篇小說集，叫《恍惚的世界》，那裏面我的序文裡面講，我短篇小說大概寫了一千一百五十多篇，寫來寫去有山窮水盡疑無路的感覺，找不到可以創作的題材，因爲我本身開始寫作的時間比較晚一些，所以理論上一開始我寫故鄉的童年，然後是對社會現實的反映，接著往思想上去，我開始寫作時已經算是年紀很大，二十幾歲才開始寫，所以開始創作時，之前壓在心裡的故鄉和童年記憶，就趕快把它寫出來，對於寫作現實社會的反映可以說是幾乎同時出現，這樣寫到大概一百多篇的時候，我找不到適當的材料，覺得好像沒有什麼題材好寫，另外就是我的短篇小說其實有一些不成熟的作品，那個時期的社會和現在不一樣，那時教高中一個

月薪水一千二，每個月的後十天，連買菜的錢都沒有，要寫小說來貼補一些家用，才發現好像沒有什麼好寫，在這樣的狀況之下，某一天我突然發現，我許多作品的背景本身就是一部大小說，我一下子醒悟過來，從我一九三四年出生，加上我父親和我爺爺，這樣三代連下來，就是一百年的當代史，就是台灣當代史嘛！寫小說的人，有一點跟其他人不同的地方，就是人間有很多災難痛苦，這些都是不好的，但是對於寫小說的人來說，這些東西都變成他寫作的一種資產，例如我的童年很特別，非常非常的窮，可以說是極窮，在深山生活又孤獨多病，這些可以說是我父親造成的，我父親只過自己的生活，他還去參加抗日，而且還是個左派分子，真的很難想像我那個年代除了窮困之外，因為我父親的關係，當我走在山路上時，鄰居看到我會說是李木芳的兒子，然後就打過來，或拿竹子打我，我就這樣長大的，還好我覺得自己沒有真正的傷到底，所以我的作品和我的生命是密切結合的，我的性格讓人家感覺好像很強悍，其實我是個極端悲觀者，好像個性很凶，其實我對人間還是非常的愛，我的成長背景那些仇恨和怨恨，我很早就把它們都洗掉了，如果沒有文學寫作，我想我大概洗不掉那些怨恨，還有我能夠洗掉怨恨的另一個原因，就是我的媽媽，我常常形容我的媽媽，她長的矮矮小小，我對我母親的形容是，如果把愛從這個女人的身上除掉，這個人就不存在了，我的人生所走過的路是雙腳鮮血淋漓，但是沒有傷到筋骨，這是因為很深厚的母愛鋪在上面，就這樣的一條線，我缺一不可，我對人間對文學的態度，最後我眼睛一閉的時候，還是會回到一種憐憫，生命的有限，會回到那邊，那是我的生命史上有這些正面的，甚至是我非常討厭國民黨，或是共產黨都一樣，我不會真的怨恨到底，又例如很多人講我是個台獨份子，但是我和外省人相處得很好，我沒有甚麼任何的傷啊。

在現實人間雖然窮，但一生走下來應該也算是蠻風光啦！我是全國特優教師，有好幾屆的總統都接見過我呢！我不是失敗者，所以我的政治態度不是一種因為受傷而來的反抗，而是我的整個抽象思考，它是來自於文化，我的文化思考的一個結果，我中老年以後，一頭踩進去文化領域裡面探索，這其實也是我這輩子覺到很感謝的一件事，因為如果沒有這個東西，我覺得我的文學是很小的。我讀好多書都是日本原文書，我日文又不通，我的日本書的書角都不是很完整，因為讀不通啊，就生氣的把它丟在

地上，一個禮拜兩個禮拜以後，就投降，把它拿起來再讀，我是這樣讀起來的，讀不通，現在也還不通。

問：您最近以及之後的寫作計畫？

李：我的生命中有許多特別的經驗，曾經有一次，突然發現外面一直發亮，在那一個瞬間，我和景物不能分，那個情形就是一片亮光，一下子就消失了，我想追可是追不到，這樣的經驗要來就來，如果眞的想追還追不到呢！結果某一天我到竹東去演講，那一天剛好是颱風天，颱風天開在山路裡面，很高的山，加上蜿蜒崎嶇的山路，那個草木被風吹的颯颯飛，很奇特的是，從那以後，我只要稍微一凝視，那樣的景像隨時可以出現，這幾年這個現象隨時都可能出現，這是很奇怪的東西，因爲有這個經驗，所以我現在要寫的這一部創作，本身也是一個冒險，就是我那個感覺之外還有什麼？其實我自己不知道，能不能寫出來也不知道，在感覺之外的，因爲用科學的角度看，例如像紅外線、紫外線還有光譜等，像光譜中最短和超長是我們肉眼看不到的，我們看不到不代表它不存在，它還是存在的，只是我們不知道我已經感覺到而已，我要寫一部在我這麼猜測之下，我用我的五官去感受外面的世界，那個會是什麼我不知道。

　　另外就是想寫關於焦慮症，寫恐慌症到焦慮症這樣的題材。另外一個我一直想探討關於「惡」，就是「邪惡」這個問題，用宗教的想法來理解很簡單，有宗教有信仰才有善，有善才有惡，很簡單的處理，但是我認爲還不夠，還有人間之外的上面，是不是還有東西，如果用人的標準把邪惡拿掉的話，其實就是有兩個力量，一個使它形成，一個使它毀壞，就這兩個東西，一個把它撐起，一個把它毀壞，我就探討，這個東西就是「邪惡」，宗教裡面善的相反就是惡，這個「邪」就很奇特，我一直對「邪」有興趣，這個「邪」字很特別，例如：動物吃東西不能叫做「邪」，「邪」好像是人類專有的，所以關於這個「邪惡」的題材我要寫一篇。後面一篇要寫「對異性的喜歡」、「性」或「愛」或「吸引」這樣的題材，我的主角讓他碰到一個女生，這個女生的設定在於她是一個非常醜的女生，本來的任何客觀角度上，這個女生沒有一個點足以讓他喜歡上她，他身體所反應出來的也是不喜歡，特點就在於，這個男主角看到這個女人之後，他開始反省自我，就是本我、自我、超我，三個層面的我都顯示他不喜歡她，生理現象也是，在如此的狀況下，但是他就是喜歡這個女生，他不知道爲什麼？這個要寫

一篇。現在正在進行的就是與身體的對話，五臟六腑之間的對話，我和我的身體對話，最後的結局我決定讓他得大腸癌。最後結論就回到「有機體」的說法，有機體是無機體的突變，有機體加上一些組織之後變成肉體，肉體再加上神經系統之後變成身體，身體加上這個我的過程，我希望躲開宗教、科學，所呈現出來的就是「後李喬」。

問：您曾經在文章中提到關於自己寫作歷程的分期，後來又出了這麼多的作品，您的分期是不是也要重新思考呢？

李：那個分期是當時想到寫的，當然可以重新分期。現在正在寫的這一篇就先不要考慮了。就先到《咒之環》就好了，其實《咒之環》是把我整個創作的作品貫串起來了，那天在高雄他們把它罵得一文不值，但是我還是要提出來說一下，我那整篇呈現的主題是一致的，而且我的作品幾乎都沒有例外，都是一種「反省」，和我論述的《台灣人的醜陋面》是同一條線的，都是自我反省，那個自我反省是什麼？我現在回過頭看，就是台灣人哪！我講結論，台灣的山川這麼美，但台灣的居民這麼惡，那個惡不是別人，就是「我」，就是我們所有的人，就是想表達那個感覺，所以我的《咒之環》就是寫「絕望」，就是對台灣人的一種「絕望感」，我沒有罵別人，就是罵我們自己，以這樣的心情來寫的，現在生活中還是很多都出現像《咒之環》裡面所提到的情節，每年每年都出現，就是這樣不停的循環下去，像施明德，我們的戰神，看著他那樣的變，但是他沒有理由變嘛！人的一生當中，人所需要的他都有了，就是這樣，你再看像楊秋興，其實就是不斷的出現咒之環啊！是以極端的痛的那種感覺來寫，是這樣的一個心理。

問：在許素蘭女士的書中有提到，您的〈烏石坑的野人〉這一篇短篇小說，印象中還蠻重要的，請您講一下關於那一篇的寫作心得？

李：那一篇的作品裡面有一點是因為我有住在深山的經驗，我對人的 sex 概念有一些體會，那是一個「原始生命的力量」，這個東西人間怎麼看它是一回事，它本身是什麼？我要寫出「人的原始本能，它在極端的狀況下怎麼樣呈現」，但是這樣的想法會寫成作品，還是因為福克納的一篇很有名的作品，台灣沒有翻譯，叫做《聖殿》，日本人很聰明，他不翻譯，直接把它以音來翻，《聖殿》寫的是有一點扭曲的人性表現，那給我一些啟發，所以我寫成了這篇小說。實際上我的作品當中處理 sex 的問題，是很重要的一個概念，其實在我的作品中，同一輩的作家沒有人像我處理那麼多題

材的，我處理的最多。

問：在做您的相關研究裡，有什麼方面是我一定要處理的？

李：你就處理貼近根本的東西，就沒有甚麼好批評的，譬如說：我對土地的
愛，這個有否定嗎？我的文化論裡面有一個講法，其實我這個概念是從日
本的一本書來的《地方思想史》，它講人的故鄉的觀念有六、七種，第一
個就是，你生活的地方就是故鄉，你出生的地方是你的故鄉，然後你精神
所依託的那是故鄉，歷史的情感也是故鄉，最基本的就是你的社群，客家
人有一個講法，出生的地方，我們叫做「包衣跡」，包衣的痕跡，什麼意
思呢？我們普通人生的孩子，把包衣埋在床底下，可是因爲孩子太多埋不
下去了，所以就把包衣埋在廚房的後面，廚房後面往往是菜園，就埋在菜
園裡，埋的地方就叫做「包衣跡」，埋包衣的地方就是故鄉，但是人不是
植物，是會移動的，我們人可以有多重的故鄉，帶著它跑，舉一個例子，
台大有一個女教授不結婚，愛上蘇東坡，愛蘇東坡來台灣也可以一樣愛，
我的意思就是說，這種多重的故鄉，人可以帶在身上，和你生活的社群結
合，那個方式就是生命和土地結合，人間一定有很多災難、很多衝突，大
家都愛腳下的土地，人間的災難會減少，衝突會減少，這個是我根本的觀
念，我的生命觀，我的文化觀，我的文學觀。

附錄三：李喬近照

李喬談論將出版之小說

（2011 年 7 月 3 日攝於李喬公館家中）

筆者與李喬於訪談後合影

（2011 年 7 月 3 日攝於李喬公館家中）

筆者與李喬於「台灣文學獎暨李喬文學學術研討會」會後合影

（2010 年 12 月 18 日攝於真理大學臺北淡水校區）

參考書目

（以作者姓氏筆劃爲編排次序）

一、李喬專著

（一）李喬短篇小說著作

1. 《飄然曠野》（台北：幼獅出版社，1965）。
2. 《戀歌》（台北：水牛出版社，1968）。
3. 《晚晴》（台北：臺灣商務印書館，1968）。
4. 《人的極限》（台北：現代潮出版社，1969）。
5. 《山女》（台北：晚蟬出版社，1970）。
6. 《恍惚的世界》（高雄：三信出版社，1974）。
7. 《李喬自選集》（台北：黎明文化事業公司，1975）。
8. 《心酸記》（台北：東大圖書公司，1980）。
9. 《告密者》（台北：台灣出版社，1985）。
10. 《共舞》（台北：學英出版社，1985）。
11. 《強力膠的故事》（台北：文鏡文化事業公司，1985）。
12. 《兇手》（台北：文鏡文化事業公司，1985）。
13. 《三腳馬》（台北：名流出版社，1986）（與鄭清文、陳映眞合集）。
14. 《慈悲劍》（台北：自立晚報文化出版部，1993）。
15. 《李喬集》（台北：前衛出版社，1993）。
16. 《李喬短篇小說全集》（苗栗：苗栗縣立文化局，1999）。
17. 《李喬短篇小說精選集》（台北：聯經出版社，2000）。

（二）李喬長篇小說著作

1. 《山園戀》（台中：台灣省政府新聞處，1971）。
2. 《痛苦的符號》（高雄：三信出版社，1974）。
3. 《結義西來庵》（台北：近代中國出版社，1977）。
4. 《青青校樹》（台中：台灣省政府新聞處，1978）。
5. 《寒夜》（台北：遠景出版社，1980）。
6. 《孤燈》（台北：遠景出版社，1980）。
7. 《荒村》（台北：遠景出版社，1981）。
8. 《情天無恨──白素貞逸傳》（台北：遠景出版社，1980）。
9. 《藍彩霞的春天》（台北：遠景出版社，1980）。
10. 《台灣我的母親》（台北：草根出版社，1995）。
11. 《埋冤一九四七埋冤》（基隆：海洋台灣出版社，1996）。
12. 《重逢──夢裡的人：李喬短篇小說後傳》（台北：印刻出版社，2005）。
13. 《咒之環》（台北：印刻出版社，2010）。

（三）李喬文化評論著作／其他編、著作

1. 《台灣人的醜陋面》（台北：前衛出版社，1988）。
2. 《台灣運動的文化困局與轉機》（台北：前衛出版社，1989）。
3. 《台灣文化造型》（台北：前衛出版社，1992）。
4. 《台灣文學造型》（高雄：派色出版社，1992）。
5. 《小說入門》（台北：時報文化出版公司，1986）。
6. 《1986台灣小說選》（台北：前衛出版社，1988）。
7. 《72年短篇小說選》（台北：爾雅出版社，1985）。
8. 《1995、1996台灣文學選》（台北：前衛出版社，1988）。
9. 《台灣當代小說精選〈1945-1988〉》（台北：新地出版社，1991）。
10. 《我的心靈簡史──文化台獨筆記》（台北：望春風文化事業公司，2010）。

二、一般專著

1. 王德威：《小說中國》（台北：麥田出版社，2001）。
2. 王德威：《跨世紀風華：當代小說20家》（台北：麥田出版社，2002）。
3. 王溢嘉：《精神分析與文學》（台北：野鵝出版社，1999）。
4. 古繼堂：《台灣小說發展史》（台北：文史哲出版社，1992）。

5. 白少帆：《現代台灣文學史》（遼寧：遼寧大學出版社，1987）。

6. 朱德生：《實踐、異化和人性》，（台北：森大圖書，1991）。

7. 朱雙一：《戰後台灣新世代文學論》（台北：揚智出版社，2002）。

8. 李歐梵：《現代性的追求》（台北：麥田出版社，1996）。

9. 李仕芬：《女性觀照下的男性》（台北，聯合文學，2000）。

10. 李鈞：《存在主義文論》（山東：山東教育出版社，2000）。

11. 杜書瀛：《文學原理——論創作》（北京：社會科學文獻出版社，1989）。

12. 呂正惠：《戰後台灣文學經驗》（台北：新地文學出版社，1992）。

13. 呂正惠：《小說與社會》（台北：聯經出版事業，1992）。

14. 余英時等著：《知識份子十二講》（台北：立緒文化，1999）。

15. 余英時等著：《中國歷史轉型時期的知識份子》（台北：聯經出版事業，1995）。

16. 吳錦發編：《1988 台灣小說選》（台北：前衛出版社，1989）。

17. 宋國誠：《後殖民論述——從法農到薩依德》（台北：擎松圖書出版，2003）。

18. 周婉窈：《台灣歷史圖說》（台北：聯經出版事業公司，1998）。

19. 金健人：《小說結構美學》（台北：木鐸出版社，1988）。

20. 周伯乃選譯：《存在主義與現代文學》（台北：立志出版社，1970，再版）。

21. 柯慶明：《文學美綜論》（台北：大安出版社，2000）。

22. 姚榮松、鄭瑞明主編：《李喬的文學與文化論述：第五屆臺灣文化國際學術研討會論文集》（臺北市：國立師範大學臺灣語文學系研究所，2007年）。

23. 高宣揚：《進入精神分析的世界》（台北：洞察出版社，1987）。

24. 張誦聖：《文學場域的變遷》（台北：聯合文學出版，2001）。

25. 張淑香：《抒情傳統的省思與探索》（台北：大安出版社，1992）。

26. 尉天驄：《鄉土文學討論集》（台北：遠景出版示業公司，1980）。

27. 張素貞：《細讀現代小說》（台北：東大圖書，1986）。

28. 許琇禎：《台灣當代小說縱論：解嚴前後（1977～1997）》，（台北：五南圖書，2001）。

29. 許素蘭：《認識李喬》（苗栗：苗栗縣立文化中心，1993）。

30. 許素蘭：《給大地寫家書——李喬》（台北：典藏藝術，2008）。

31. 陳秀容：《佛洛姆的人本主義》，（台北：唐山出版社，1992）。

32. 陳芳明：《殖民地台灣——左翼政治運動史論》（台北：麥田出版，1998）。

33. 陳芳明：《左翼台灣——殖民地文學運動史論》（台北：麥田出版，1998）。

34. 陳芳明：《後殖民台灣——文學史論及其周邊》（台北：麥田出版，2002）。

35. 陳芳明：《殖民地摩登——現代性與台灣史觀》（台北：麥田出版，2011年，增訂二版）。

36. 陳鼓應：《存在主義》（台北：台灣商務印書館，1992，增訂二版）。

37. 陳萬益主編：《大河之歌——鍾肇政文學國際學術會議論文集》（桃園：桃園縣文化局，2003）。

38. 國立台灣師範大學國文系主編：《解嚴以來臺灣文學國際會議論文集》（台北：萬卷樓，2000）。

39. 許俊雅：《日據時期臺灣小說創作形式之探討》（台北：文史哲，1995）。

40. 陸志平、吳功正著：《小說美學》（台北：五南圖書，1993）。

41. 曾慶元：《西方現代主義文藝思潮評述》（湖北：武漢大學出版社，1994）。

42. 彭瑞金：《文學評論百問》（台北：聯合文學出版社，1998）。

43. 彭瑞金：《台灣新文學運動四十年》（台北：自立晚報出版社，1992）。

44. 彭瑞金：《台灣文學探索》（台北：前衛出版社，1995）。

45. 彭瑞金：《泥土的香味》（台北：東大圖書，1980）。

46. 傅騰霄：《小說技巧》（台北：洪葉文化事業有限公司，1996）。

47. 勞思光：《存在主義哲學新編》，（香港：中文大學出版社，1998）。

48. 傅佩榮：《荒謬之超越》〈第一章：荒謬之感受階段〉（台北：黎明文化，1989）。

49. 楊照：《文學的原像》（台北：聯合文學出版，2000）。

50. 楊照：《夢與灰燼：戰後文學史散論二集》，（台北：聯合文學出版，1998）。

51. 楊昌年：《現代小說》（台北：三民書局，2002）。

52. 楊澤編：《從四○年代到九○年代》（台北：時報文化，1994）。

53. 葉石濤：《台灣文學史綱》（高雄：春暉出版社，1999，再版）。

54. 董小英：《敘述學》（北京：社會科學文獻，2001）。

55. 趙知悌：《現代文學的考察》（台北：遠景出版社，1978，再版）。

56. 趙遐秋、呂正惠：《台灣新文學思潮史綱》（台北：人間出版社，2002）。

57. 趙博雅：《認識沙特》（台北：台灣商務印書館，1984）。

58. 齊邦媛：《千年之淚》（台北：爾雅出版社，1980）。

59. 鄭明娳編：《當代台灣政治文學論》（台北：時報文化，1994）。

60. 鄭明娳編：《當代台灣評論大系》（台北：正中書局，1993）。

61. 蔡源煌：《從浪漫主義到後現代主義》（台北：雅典出版社，1998，修訂8版）。

62. 蔡源煌：《當代文化理論與實踐》（台北：雅典出版社，1996，三版）。

63. 黎活仁編：《台灣後設小說研究》（台北：文史哲出版社，1998）。

64. 羅鋼：《敘事學導論》（昆明：雲南人民出版社，1994）。

65. 龔翰熊：《20世紀西方文學思潮》（河北：河北人民出版社，1999）。

66. 龔鵬程編：《台灣的社會與文學》，（台北：東大圖書，1995）。

三、學位論文

1. 王志仁：《台灣客家小說移民書寫之探究——以吳濁流、鍾理和、鍾肇政、李喬作品為例》，高雄師範大學客家文化研究所碩士論文，2009。

2. 王淑雯：《大河小說與族羣認同——以《台灣人三部曲》、《寒夜三部曲》、《浪淘沙》為焦點的分析》，台灣大學社會研究所碩士論文，1994。

3. 王慧芬：《台灣客籍作家長篇小說中人物的文化認同》，東海大學中文研究所碩士論文，1999。

4. 邱如君：《李喬《藍彩霞的春天》中娼妓形象與反抗哲學之研究》，中興大學台灣文學研究所碩士論文，2010。

5. 李祖琛：《七十年代台灣鄉土文學運動析論》，政治大學新聞研究所碩士論文，1986。

6. 李展平：《太平洋戰爭書寫——以陳千武《活著回來》、李喬《孤燈》、東方白《浪淘沙》為論述場域》，中興大學台灣文學研究所碩士論文，2010。

7. 吳欣怡：《敘史傳統與家國圖像：以呂赫若、鍾肇政、李喬為中心》，清華大學中國文學系碩士論文，2010。

8. 吳雅蓉：《超越悲劇的生命美學——論鍾理和及其文學》，中正大學中文研究所碩士論文，1999。

9. 吳慧貞：《李喬短篇小說主題思想與象徵藝術研究》，東海大學中文研究所碩士論文，2004。

10. 林偉淑：《《現代文學》小說創作及譯介的文學理論研究【1960～1973】》，中山大學中文研究所碩士論文，1995。

11. 林慶文：《當代台灣小說的宗教關懷》，東海大學中文研究所碩士論文，2000。

12. 紀俊龍：《李喬短篇小說研究》，逢甲大學中文研究所碩士論文，2003。

13. 張令芸：《土地與身分的追尋——李喬《寒夜三部曲》》，銘傳大學應用中國文學系碩士論文，2006。

14. 陳美滿：《李喬短篇小說之女性人物研究》，台南大學國語文學系教學碩士班碩士論文，2009。

15. 陳鵬翎：《李喬短篇政治小說研究》，台南大學國語文學系碩士論文，

2007。

16. 黃綺君：《李喬文學作品中的客家文化研究》，新竹師範學院台灣語言與語文教育研究所碩士論文，2003。

17. 黃雅慧：《李喬短篇小說人物研究》，高雄師範大學回流中文碩士班碩士論文，2008。

18. 楊明慧：《台灣文學薪傳的一個案例──由吳濁流到鍾肇政、李喬》，東海大學中文研究所碩士論文，2004。

19. 楊素萍：《李喬「寒夜三部曲」之客家女性形象研究──以葉燈妹爲核心》，中興大學台灣文學研究所碩士論文，2010。

20. 楊傳峰：《《寒夜三部曲》女性角色研究》，中正大學台灣文學研究所碩士論文，2010。

21. 劉純杏：《李喬長篇小說研究》，中山大學中文研究所碩士論文，2002。

22. 劉弈利：《台灣客籍作家長篇小說中女性人物研究──以吳濁流、鍾理和、鍾肇政、李喬所描寫日治時期女性爲主》，高雄師範大學國文學系，2005。

23. 鄭雅文：《李喬短篇小說研究》，玄奘人文社會學院中國語文研究所碩士論文，2004。

24. 蔡佳玲：《歷史、傷痕、二二八──李喬後殖民歷史小說《埋冤一九四七埋冤》研究》，清華大學台灣文學研究所碩士論文，2008。

25. 賴松輝：《《寒夜三部曲》研究》，成功大學歷史語言研究所碩士論文，1990。

26. 盧翁美珍：《李喬《寒夜三部曲》人物研究》，彰化師範大學國文學系碩士論文，2004。

27. 顏鳳蘋：《從《埋冤 1947 埋冤》史料應用看二二八事件與當時的台灣社會》，中山大學中國文學系研究所碩士論文，2007。

四、單篇論文

1. 王明珂：〈集體歷史記憶與族群認同〉，《當代》第 91 期，1993 年 11 月。

2. 白先勇：〈現代文學的回顧與前瞻〉，《現代文學》復刊號第 1 期，1978 年 12 月。

3. 呂正惠：〈「政治小說」三論〉，《文星》第 103 期，民國 71 年 6 月。第 18 期，2001 年 1 月，頁 53～62。

4. 岑溢成：〈存在主義與人文主義〉，《鵝湖第 8 卷第 7 期》，1983 年 1 月。

5. 柯塞（Lewus A Coser）著，邱澎生譯：〈阿伯瓦克與集體記憶〉，《當代》第 91 期，1993 年 11 月。

6. 姚一葦：〈文學往何處去──從現代到後現代〉，《聯合文學》，第 13 卷 6

期，1997 年 4 月。

7. Robert Humphrey 著，徐言之譯：〈意識流小說〉，《中外文學》第六卷第 3～4 期，1977 年 8 月 9 月。

8. 馬健君：〈存在主義〉，《聯合文學第十二卷‧第七期》1996 年 5 月。

9. 楊耐冬：〈「後設小說」探微〉，《書評》第 24 期，1996 年 10 月。

10. 葉石濤：〈兩年來的省籍作家及其小說〉，《幼獅文藝》第 29 卷 6 期，1968 年 12 月。

11. 葉石濤：〈世界文學的寫實主義與台灣新文學的寫實主義〉，《文學臺灣》第 34 期，2000 年 4 月。

12. 謝凡：〈現代人的苦悶──透視存在主義的人生觀〉，《輔仁人文學報第 3 期》1973 年 12 月。

五、翻譯書籍

1. 艾布拉姆斯（M. H. Abrams）著，朱金鵬、朱荔譯：《歐美文學術語辭典》（北京：北京大學，1990）。

2. 巴托莫爾（Tom Bottomore）著，廖仁義譯：《法蘭克福學派》（台北：桂冠圖書，1998）。

3. 馬‧布雷得伯里（Malcolm Bradbury）、詹‧麥克法蘭（James McFarlan）編，胡家巒譯：《現代主義》（上海：上海外語教育出版社，1997）。

4. 卡謬（Albert Camus）著，劉俊餘譯：《反抗者》，（台北：三民書局，1980，再版）。

5. Terry Eagleton 著‧吳新發：《文學理論導讀》（台北：書林出版社，1998）。

6. 佛斯特（E. M. Forster）著，李文彬譯：《小說面面觀》（台北：志文出版社，2002，重排修訂版）。

7. 佛洛伊德（Sigmund Freud）著，葉頌壽譯：《精神分析引論‧新論》，（台北：志文出版社，1993，再版）。

8. 佛洛依德（Sigmund Freud），賴其萬等譯：《夢的解析》（台北：志文出版社，2000）。

9. 傅柯（Michel Foucault）著，劉北成、楊遠嬰譯：《瘋癲與文明》（台北：桂冠圖書，1998）。

10. 傅柯（Michel Foucault）著，王德威譯：《知識的考掘》（台北：麥田出版社，2001）。

11. 保羅‧富爾基埃著(Paul Foulquie)，高秋雁審譯：《存在主義》（台北：結構出版群，1989）。

12. 亞斯培（Karl Jaspers）著，葉頌姿譯：《悲劇之超越》（台北：巨流圖書，

1974年，三版）。

13. 祁克果(Sren Aabye Kierkegaard)著，牧野譯《人的永恆性》（台北：源成文化，1976）。

14. Rudolph Schaffer 著，張康樂譯：《母親角色》（台北：允晨文化，1987）。

15. 帕特里莎‧渥厄（Patricia Waugh）著‧錢競、劉雁濱譯：《後設小說──自我意識小說的理論與實踐》（台北：駱駝出版社，1995）。

16. 廚川白村：《苦悶的象徵》（台北：志文出版社，1995，再版）。